生命樹

Health is the greatest gift, contentment the greatest wealth.
~Gautama Buddha

健康是最大的利益，知足是最好的財富。 —— 佛陀

清理負面情緒的自我對話

練習對自己好好說話，鬆綁焦慮慣性。

約瑟夫・盧恰尼
Joseph J. Luciani, Ph.D.——著
龐元媛——譯

Self Coaching

The Powerful Program to Beat Anxiety and Depression

推薦序

學會溫柔地對自己說話，這是一場人生的重整與修復

宋怡慧｜丹鳳高中圖書館主任、作家

你是否有過類似的心境：一個人安靜下來的夜晚，白天的瑣事與人際的對話雖已散去，腦海卻不斷湧現刺耳的聲音——「我是不是又做錯了？」「我真的值得更好的未來嗎？」「大家會不會其實都討厭我？」

擾亂你的聲音不是來自他人的批評，而是你自己內心不自覺說出的話語。約瑟夫・盧恰尼《清理負面情緒的自我對話》邀請我們以 Self-Coaching 的方式與情緒和平共處，優雅地走出焦慮與自責的迴圈。他溫暖地提醒我們：不自覺浮現的自責、自我懷疑與貶抑的詞彙，往往不是因你在現實生活的表現不夠好，而是你太習慣控制情緒、壓抑自己、迎合他人了。我們必須屏除腦海裡「你不夠好」「你沒資格失敗」的念頭，學用嶄新的語言、善意的方式回應自己的情緒。

而自我對話的療癒能夠讓我們在負面情緒來襲時，保持穩定、維持冷靜。心理學家卡爾・榮格說：「直到你潛意識的東西被意識到，它將控制你的人生，而你會稱之為命運。」盧恰尼透過自我對話，梳理在腦海裡竄來竄去的聲音，讓你我學會帶著覺知去傾聽它們。原來，左右人生結局的，常常不是命運，而是你日復一日對自己說話的方式。

當你明白——「你不是那個聲音，而是那個正靜靜聽著的人」——你就能開始記下屬於自己的訓練日誌，為每次練習留下成長的印記。當改變可以被看見，被自己親手修復，你就更有理由，帶著喜悅走下去。如書中令人印象深刻的比喻，它把我們比作陷入低潮的投手，而內心的聲音是場邊指揮大局的教練。有些內在教練只會責備、否定、嘲諷；但我們可以選擇成為那個走上投手丘、拍拍選手肩膀、低聲鼓勵自己的教練，你可以溫柔堅定地說：「我知道你累了，但你可以慢慢來。」練習對自己好好說話，鬆開焦慮的慣性。書中提出三個清理負面思維的關鍵步驟：

第一，辨識：這是事實，還是想像？許多焦慮，其實源自腦中的「災難劇本」，而非現實本身。

第二，中斷：停止反射式思考。當情緒浮現時，不必立刻反應，更不要被牽著走，而是對自己說：「我感覺焦慮了，但我還有選擇。」

第三，回到當下：讓念頭來，也讓它走。就像仰望天空中的雲朵，你無須抓住它，也不必驅趕它，只要安然地瀏覽它的來去自如。

清理負面情緒的方法看似簡單，卻能在日常裡慢慢釋放出深遠的力量。剛開始練習時，無論是學生表現失常，還是工作進度卡關，我都會提醒自己，多留一點空間給內心的聲音。給一個傾訴的出口、反轉的回聲。我不急著反駁或自我說服，而是先安靜傾聽，並對自己說：「謝謝你提醒我，我現在會陪著你。」慢慢地，提升情緒的自我管理力。

當學生說：「我就是很爛」「我就是學不會啦」時，我不再急著糾正或打氣，而是多問一句：「這句話，你是從什麼時候開始相信的？又是誰對你說過的？」此刻，我知道，他們只是重複童年時期被貼上的負面標籤——而對話就是內在覺察，也是鬆開陳舊標籤的第一步。一如心理學家露易絲．賀曾說：「只要願意改變自己的思想、信念和行動，就會改變世界對你的回應。」真正的對話療癒，不是逼迫自己更強悍，而是學會更溫柔地對待心靈。生命的價值在於修復的力量，讓那股力量協助我們在混亂中穩住腳步，並在黑暗中窺見有光的方向。

練習好好對自己說話，為自己撐開情緒的明亮天空，就能走出情緒的風暴，邁向安穩與自在的生活。《清理負面情緒的自我對話》像一盞文字的燦燈，讓你我徘徊在忙碌與高壓時，尋找到重新對話的途徑。最後，在書頁之間，找到屬於自己的教練聲音，它陪伴你我穿越情緒的低谷，走進歲月的熠熠亮光裡。

推薦序

精神內耗的代價：你的不安全感正在侵蝕未來

吳姵瑩｜愛心理創辦人、諮商心理師

在情緒與精神內耗的循環中，你或許沒有發現，這種無形的消耗正在讓你付出極大的代價——可能比你想像的還要沉重。

一、高度自我懷疑與否定

真正原因來自「僵化的自我認識」，習慣負向定義自己，或跟自己有關的都不好，包含你選擇的伴侶、工作，或你做的專案與成品。往往導致你拖延，因為不論做與不做，都不滿意。

- 「我覺得做得很爛，其他人就是不懂才會說我好。」
- 「這工作真的很無聊，但我又不敢隨便離職。」

這些思考迴路，引發強烈羞恥和自責，每一次自我檢討都在心靈存款中不斷提款，直到心靈破產為止。你真正要做的，是自我反思，並找到「建設性對話」，清晰指出可以調整與成長的方向，才能從自我否定轉為自我挑戰，每一次的不足與挫敗，都是成長的契機。

- 「我覺得做得很爛，其他人就是不懂才會說我好。」→「整個提報的節奏太急促，訊息量太大，聽眾難以消化，我需要重新檢視提報大綱，下次才能讓更多人理解。」
- 「這工作真的很無聊，但我又不敢隨便離職。」→「工作缺乏變動和挑戰，我可以跟主管討論下一階段規畫與發展想法，也請他給我朝新階段發展的看法，或能組織輪調。」

二、時間以「年」為單位飛逝

內耗會吃掉大量創造力、生產力，更遑論需要消耗大腦的整合演繹等能力，情緒的填滿會導致嚴重力不從心，更多人容易陷入「躺平」狀態，維持低度行動運作，更可能成為失去靈魂的機器，只能執行他人給予的任務，長時間失去生命力的狀態會讓人自我否定，而自我否定又會讓人躺平，不斷惡性循環。

- 一場家庭衝突導致的創傷與痛苦，可能花上幾年堆積深埋，或「被動攻擊」地選擇父母最討厭的事情來反抗，在腦海裡不時重播細節，或不得不讓情感麻木。
- 一次職場人際挫折，你在心裡責備自己多年，甚至在後續工作降維打怪，越來越失去專業自信，也越來越失去工作成就與意義感，回首職涯發現每況愈下。

這種長時間的內耗，也會讓人在某一天突然強烈感受到「錯過」，隨之而來的是更深的懊悔與自責，以及更強的習得無助與無力轉圜的絕望感，而在心理上真正要處理的，是那個讓你大轉彎的「創傷點」。請鬆開被創傷點決定的自己，釋放創傷點未處理的情緒，讓你的內在真正重新流動，從傷痛中長出力量，而非被創傷強制綁架。

這本《清理負面情緒的自我對話》提供非常多自我檢測的評量，以及具體方法練習，可以非常有效陪伴容易受焦慮與不安全感困擾者，提供明確的思考指引與療癒方法。我特別喜歡作者在書中不斷出現的情緒或思考迴路，清晰地呈現焦慮不安的內在狀態：我希望大家喜歡我↓我在意別人對我的看法↓我擔心別人對我的看法↓……↓大家都討厭我！

相信透過這本書，可以協助你更全面與系統化的了解自己，學會自我對話與療癒，或許前述的情緒內耗你便能明白：

- 一場家庭衝突導致的創傷與痛苦，你可以去探望與正視那受傷、委屈與沮喪的自己。家人可以不理解你，但你要能理解自己，在理解中允許自己悲傷，並承諾能溫柔堅定地保護與支持自己。
- 一次職場人際挫折，不妨去回顧當時的互動與自我狀態，陪自己看見在職場的付出與努力，陪自己客觀檢視在職場中的不足、安撫挫敗與失落，也陪自己整裝出發。打敗職涯挫敗最直接的作法，就是再次投資與整合自己。

相信在學會深度自我對話後，你將成為推動自己人生前進的加速器。

清理負面情緒的自我對話

目錄

自序

二〇〇一年夏季，我的新書《自我對話訓練：如何療癒焦慮症和憂鬱症》（*Self-Coaching: How to Heal Anxiety and Depression*，暫譯）上市，當時我完全沒想到，僅僅幾天之後整個國家會陷入動亂。二〇〇一年九月十一日，我正開車駛上喬治華盛頓大橋前往曼哈頓。收音機原本播放著音樂，突然被混亂又繁雜的新聞報導打斷，世貿大樓爆炸了。我一眼望向哈德遜河岸邊，看見我此生所見最悲慘的一幕，不可能發生的事竟在我眼前上演，黑橘色煙霧飄散在蔚藍的天空，時間彷彿在那一刻靜止。就跟很多人一樣，我的恐懼直上心頭，即使在多年後的現在，仍在我心中迴盪。

九一一事件之後的幾個月，我忙著應付川流不息的電視與廣播電台訪問，大家都想知道該如何應付內心的悲慟、恐懼、焦慮和憂鬱，整個國家都在努力撐過去。我希望我提出的自我對話練習，能在這種極其痛苦的時期帶給大家一點慰藉。我身為心理學者和寫作者，非常感謝世界各地的讀者與聽眾的迴響，告訴我他們經過自我對話之後，有了新的觀點，找到了走出痛苦的途徑。

我沒想到，多年後我對於療癒焦慮與憂鬱，竟然還有這麼多內容可談。成長與改變就像人生中很多無可避免的事物，自我對話訓練在實務中的應用越來越頻繁，也讓我有更多機會透過講述與書寫分享給更多人，使我的理念與方法不斷進化。兩年後我出版《不再內耗的自我對話：讓90％的焦慮、糾結、不安全感都消失的自我對話練習》（*The Power of Self-Coaching*），這本書將自我對話技巧運用在焦慮、憂鬱之外更廣泛的心理困境。

我大概就在這個時候成立個人網站 www.self-coaching.net。藉由這個網站，還有自我對話練習的多種語言翻譯版本，我得以接觸世界各地的人。許多人寫信給我，想知道自我對話與他們試過的許多方法有何不同、又為何不同，想知道究竟是否還有希望，還有更多人想找一個自己就能做到、而且可以改變人生的方法。

我在個人網站上回覆眾多貼文，也與讀者一同成長。我固定回文的日常習慣督促我不斷尋找新的方法，讓我說的話更能使人相信自己。有位來自西雅圖的先生，覺得自己這輩子都無法擺脫恐慌症發作的痛苦；約旦一位女士飽受憂鬱侵擾，又唯恐丈夫發現；還有一位最近喪偶的紐約女士，身患慢性殘疾，她問道：「我為什麼還要繼續活下去？」我知道，我必須繼續簡化自我對話的練習資訊，才能幫助他們。

我依據這些年累積的見解，寫下這本修訂版，這套方法是我花了無數時間經營出來的成果。

我用很多時間讓患者明白，焦慮與憂鬱並不是我們**罹患**的疾病。只不過是習慣而已，不安全感造成的思考習慣是錯誤的。每個習慣都是被餵養長大的，你要是學會不再灌溉，它們也會漸漸枯萎。事情就這麼簡單。

自我對話是能夠幫助你擺脫焦慮與憂鬱的**具體方法**，這裡有全新修訂的「自我對話」章節。如果你是第一次接觸自我對話的訓練，歡迎你。如果你是再次前來，那麼謝謝你的加入，讓我們的自我對話訓練社群更加成長茁壯。

前言

從喬有記憶以來，就一直擔心很多事。當他約只有五、六歲時，最常擔心的是父母會不會死，喬無法想像沒有父母的生活。他也常常擔心如果他在學校闖禍或成績不好怎麼辦？有些事是他無法控制的（比如父母過世）；但有些事，例如學業成績，他認為他可以牢牢掌控。

至少在四年級之前他是這麼想的。某天早上，老師看到喬在課桌前無精打采的樣子，便叫他抬起頭。喬完全沒有預料到會被老師點到名字，他聽見幾聲竊笑，感到十分不安，接著便驚慌失措起來。若是他聽老師的話抬起頭，其他同學一定會看到他臉頰上滑落的眼淚，於是喬什麼也沒做——他僵住了。老師氣沖沖地走到喬的桌前，用力扳起他的頭。不巧的是，喬緊咬下巴，結果咬破了自己的舌頭，嘴裡開始流血。老師看到血後失控了，暴力地將喬拖出教室，扯破他的襯衫，尖聲斥罵，還甩了他一巴掌。

大受驚嚇的喬逃出學校。他的世界徹底崩解，他最害怕的夢魘變成了現實：老師顯然想要害他，同學看到他在哭，而他的父母一定會因為他惹事生非而責備他（畢竟那是一九五〇年代，當時的父母普遍認為學校是絕對權威）。那時正值午餐時間，喬一路跑回家，偷偷溜回房間，他換下被撕壞的襯衫，洗掉血跡，還整理了頭髮。喬的表哥也在同一班級，他目睹整起事件，飽受衝擊，哭著跑到喬家門口。如果不是表哥，喬本來有機會重新回到學校。

接下來發生的事喬記不清了，但喬記得他的父母很激動，他的父親要不是被人拉住，都氣得要衝去學校了。過了一兩天，喬回到學校時，發現原本的老師已經被換掉，有人告訴喬，老師「情緒崩潰」，需要接受協助。但喬覺得一切都是他的錯，也因此一直無法釋懷。

喬原本就是一個謹慎、容易憂心的孩子，這次事件讓他下定決心要變得更警覺、更控制一切，他不要讓自己再度手足無措，他要讓一切都盡在掌握中。可惜喬從來沒想過，自己根本沒有做錯什麼，也沒有人讓他明白這點。

喬苦苦思索了很久。他知道自己不是完美的人——而且差遠了，但幸好他不需要**是**完美的，只要**表現得像是**完美的就可以了。雖然他以前就很講究細節，但當時他只是喜歡把事情做好，然而現在不同了，現在他覺得自己別無選擇，事情**必須**做好。舉例來說，如果做模型飛機時不小心把膠水弄髒了表面，他就沒辦法繼續下去，因為整個模型在他看來已經毀了；如果數學作業寫錯一題，他不會只是擦掉錯誤的答案，而是會整份重寫。完美，成為喬對抗怯懦的盾牌。

在社交方面，喬花了很長時間才在與人相處時覺得自在，畢竟他曾在最脆弱的時刻被人看見。他逐漸培養出一種敏銳的社交直覺，能夠精準掌握每一種社交互動的需求，並恰到好處地做出回應，他可以是有趣的、搞笑的、迷人的，或視情況有時是嚴肅的，他成了一隻變色龍，而且是一隻非常擅長變色的變色龍。正如一位老師常說的：「你是聽話的小士兵。」毫無疑問，喬不僅知道如何服從命令，還能預測命令。

儘管喬看似有不少成就，其實他的自尊心從未真正穩固，他越成功，就越覺得自己必須更加努力地維持這場偽裝，畢竟，他有更多東西需要隱藏。每個人都覺得他很棒，但他認為自己其實一點也不棒，而這個真相一旦揭露，肯定會令人大為震驚。他感到精疲力竭，時時警覺，擔心事情會出錯，不斷害怕有個「萬一」。

這一切對喬來說真的不容易，我很清楚，因為，我就是喬。

找到解答

我小時候為了維持對生活的控制，而拚了命地奮戰到底，從沒想過自己為什麼一定要去控制一切。到了高中，我已經是一個操控老手。我加入美式足球隊，讓那些小子們覺得我是個狠角色（儘管我還不到五十公斤，內心其實嚇得要命）。我參加各種社團，入選學生會一員，最後甚至被票選為最受歡迎學生。我找到讓別人喜歡我的方法。

毫無疑問，我控制了別人看我的方式。我別無選擇，我必須讓每個人都喜歡我。當時這樣想似乎合情合理：讓別人喜歡你，他們就不會傷害你。我開始覺得自己就像電影裡的那些房子布景，只不過是一個用來欺騙觀眾的形象而已，我成了那種人：一個假象，一棟空心的房子。

我的生活飽受折磨，我渴望解脫，所有的「萬一」、「應該」、「必須」真的快把我逼瘋了。我擔心一切：成績、約會、錢，最讓我焦慮的是搞砸、惹麻煩，或只能任由命運擺布的失控情況。大學時，我決定主修心理學。別笑，有過心理折磨的經驗其實很適合當治療師，我曾聽說這種現象叫作「負傷的療癒者」（wounded healer）。我承認，當初我主修心理學的動機，比起利他更像是在自救。我已經焦慮到、憂鬱到、絕望到認為，心理學可能是我苦苦尋找的煞車踏板，也許——只是也許——我真的可以找到一條出路。

自我對話：張開你的拳頭

我研究心理學多年，也參加過無數次團體與個別的訓練分析，這些確實有所幫助，但我那雙緊握生命方向盤的手，依然沒有放鬆，我仍會擔憂，時不時也會苛責自己。我給佛洛伊德一個機會，又嘗試榮格的理論，但什麼也沒改變，我還是很焦慮，然後我再一次聽見自己說：「我受夠了！」我渴望能領悟一切。

我沒等太久。某天晚上下班回家的路上，一個非常簡單的念頭浮現在我腦中：「人生沒有理由這麼痛苦！」那一刻神奇的事情發生了，雖然很難描述這個看似天真、簡單的領悟有何深遠意義，但對我來說卻掀起一場思維革命。除了我自己的念頭之外，沒有什麼事能阻礙我有更好的感受！沒有任何東西能讓我焦慮！事實就是，**我可以選擇不要痛苦！**這正是我長久以來渴望得到的。我發現，只要轉變思維去看事情，就算是再怎麼固執的情緒也很快就會瓦解。

我一直認為感覺、情緒和想法都深深扎根於潛意識中，那麼「更好的感受」難道真的有可能只是放下負面想法那麼簡單嗎？某天，在接受根管治療時，我有了一個有趣的體會。為了減輕疼痛，我大口吸著笑氣（nitrous oxide，一氧化二氮），當下我試著搞清楚，為什麼這樣折磨人的療程竟沒有讓我感到更焦慮？我發現，笑氣讓我遺忘痛苦。每當一陣疼痛突然襲來，我會瞬間警覺，焦慮感也隨之而來，但吸入笑氣的下一個瞬間我就完全放鬆了，彷彿與剛才的痛苦記憶完全脫節。若換作是我平常沒有吸入笑氣的思考狀態，感受到的可能截然不同。

假如你能不靠笑氣或其他藥物，就學會放下多餘的擔憂和負面的預判，那會怎麼樣？假如你能主動轉換頻道，從反芻痛苦切換到更健康、更有建設性的想法，你的焦慮與憂鬱又將如何？會消失不見。就像笑氣的失憶效果能讓你擺脫對牙科療程的焦慮與擔憂一樣，自我對

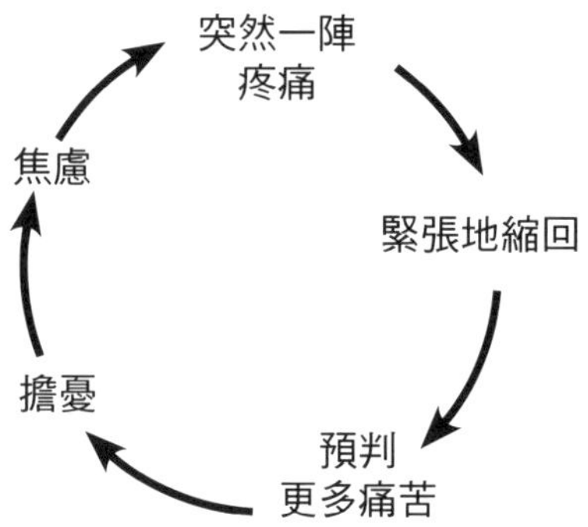

話能讓你脫離那些壓垮你的思緒。更重要的是，一旦你學會不再被內心的不安全感牽著走，而是選擇信任自己，你便已經踏出遠離焦慮與憂鬱的步伐。

不需要太複雜

在我從事心理治療、演講與寫作數十年的經驗中，我深深明白，即使領悟再多，如果沒有適當的方法傳達給別人，一切只是空談。對我來說，傳統心理治療早已變得過於複雜與陳腐，但許多患者仍能從傳統心理治療中那位「無所不知」的治療師身上得到慰藉。我常聽患者說：「你是醫生，告訴我，我到底怎麼了？我該怎麼辦？」我的患者們會期望甚至有時要求我不要只是個普通人，不要讓他們失望。

布瑞特是一位退休的高中老師，接受傳統分析治療多年，但始終無效，讓他感到十分失望，於是找上我。他對他的治療師某某博士本人並無不滿，真正讓他沮喪的是，自己似乎始終沒有變得更好。布瑞特非常尊敬那位某某博士，甚至為自己是一個差勁的病人而感到有些羞愧。他不能理解，為什麼分析治療沒能給他實質的幫助，要不是他的治療師退休了，布瑞特相信自己總有一天會慢慢理清一切。一開始，無論我說了什麼，布瑞特只想知道他的問題是否與他的伊底帕斯情結和被壓抑的欲望本能有關，他深信他的問題總有一天會有某種深奧的理論來解釋，畢竟他的問題並不簡單。他認為自己的苦惱只有佛洛伊德、榮格，當然還有某某博士這樣的大師才能處理，我提出的直接、解決問題式的作法，對他來說似乎太過簡單了。

我問布瑞特有沒有聽過英國哲學家奧坎的威廉（William of Occam），他沒聽過，不過他很高興我終於提到了某位大師。我解釋道，奧坎的威廉修士提出一個簡約法則，又稱「奧坎剃刀」（Occam's Razor），意思是：在任何情況下，解釋事情時，應該盡量選擇最簡單足以解釋的那個。我想讓布瑞特明白，對患者和治療師來說，把事情搞得複雜，很多時候不過是一種虛榮心的表現。而布瑞特之所以抗拒我提出的解釋，只是因為他不願相信自己的問題只是尋常的問題。

布瑞特並不特別。你也可能對自己遭受的經歷以及該怎麼讓自己感受好一點，有著與布瑞特類似的想法。或許自我對話聽起來並不像精神分析、分析治療或人際溝通分析那樣令人振奮，老實說，自我對話甚至不太像是一種心理治療的方法，第一章會給你一個更有根據、更正式的說明。現在我只想說：請先把你過去的觀念放一邊。我將證明，擺脫焦慮與憂鬱，其實有一種簡單而直接的方式。我的方法不是傳統心理學慣用的途徑，這是一條更直接的路，運用簡單實用的心理工具，搭配訓練方法與激勵策略。

就像奧坎的威廉修士也可能會同意的那樣，如果你想從焦慮與憂鬱中解脫，為什麼不選擇最簡單、最不複雜的方式呢？這個方式就是自我對話的訓練。更進一步說，有朝一日當你擺脫焦慮與憂鬱之後，仍可以持續運用自我對話來維持健康、自然隨和的生活狀態，一旦你達到心理上的「健康體態」，便再也不會想回到過去的生活方式了。

第一部

什麼是自我對話？

01

全新的自我療癒法

你為什麼在看這本書？也許你煩惱太多，也許你最近被恐懼、失控的感覺困擾，所以覺得焦慮受挫。你可能會對別人亂發脾氣，總是睡得不好，情緒一直很低落。也許你已經陷入憂鬱，覺得疲倦，沒有希望，完全被打敗。有時候你就是想放棄。

你也許感覺很困惑，但有一點你很確定：**生活不該這麼艱難**。你想要解決方案，現在就要！你最不想要的，就是繼續浪費時間。那我們就開始吧，完成下列的自我檢測，就會知道這本書能給你怎樣的幫助。

我適合做自我對話的練習嗎？

回答下列問題，答案可以是大致「是」或大致「否」：

是　否　我常常想到「萬一」。

是　否　我看到水半滿的玻璃杯，只會想到有一半是空的。

是　否　我想太多。
是　否　我常常覺得疲累。
是　否　我很難專注。
是　否　我很難在截止期限前完成該做的事。
是　否　我擔心自己的健康狀況。
是　否　我總覺得緊張不安。
是　否　我常常感到悲傷。
是　否　我很難睡著。
是　否　我很難相信我的感覺（我鎖門了嗎？我會不會太多話了？）
是　否　我的疑慮太多。
是　否　我覺得我沒有安全感。
是　否　我太早醒來。
是　否　我一天最難受的時候是早上。
是　否　我害怕事情出錯。
是　否　我太在意自己的外貌。
是　否　我一定要按照自己的方法做事。
是　否　我沒辦法放輕鬆。

是　否　我從來不準時。
是　否　永遠不可能百分之百安全。
是　否　我會誇大問題。
是　否　我會恐慌。
是　否　我在床上感覺最安全。
是　否　我太敏感。
是　否　我常常希望自己是別人。
是　否　我害怕變老。
是　否　人生就是一個接一個的問題。
是　否　我對於心情好轉不抱太大希望。
是　否　我經常坐立難安。
是　否　我很容易有路怒症。
是　否　我有恐懼症（比如在密閉空間、橋梁、開放空間、社交場合等）

算一算你總共有幾個「是」。若等於或低於十個，那你應該算是調適得很好，懂得自我對話就能擺脫生活的挫折，你受到的情緒干擾減少，社交與個人生活都會有所提升，你的生活若是更有活力，你本來就健康的個性就會更健康。十一至二十個，代表你的個性已有中度的受損，透過自我對話的練習，你可以迅速且輕鬆擺脫焦慮、憂鬱引發的自我限制，過著更自然的生活。如果高於二十個，那麼你焦慮、憂鬱的情況很嚴重，迫切需要自我對話訓練。只要保持耐心，勤於練習，你也能擺脫這些問題。

現在的你心力交瘁，也許很難相信我說的話。但你現在只需要知道，無論你有多麼焦慮或憂鬱，還是能打起精神看這本書，這就是你仍未放棄的精神，是你的個性中還健康、還願意解決生活難題的那部分——自我對話要觸及的，就是你心中還很健康的自己。

自我對話訓練方案

我將多年的臨床經驗寫成這本書。之所以耗時那麼久才寫成，並不是因為我特別笨或特別懶（絕對不是），而是因為我用了很長時間，真的是很長很長的時間，才看穿籠罩著焦慮與憂鬱那層容易引起誤解的迷霧。之所以容易引起誤解，是因為我對心理學的看法太短視，我就像許多專業心理衛生專家，受到的訓練就是將治療看成一種相對被動的過程，需要將過去徹底加以探索、剖析，這個過程往往會很痛苦。其基本原理是，除非了解自己尚未察覺的根本原因，否則不可能治癒。

直到告別這種傳統心態，開始依靠直覺和本能，我才有了不同的想法。我發現焦慮與憂慮並不是神祕難懂的疾病，只不過是錯誤的認知難免會造成的結果，錯誤的認知最後會耗盡你的心力，讓你深受迫害。

而且有趣的是，你一旦真正看懂了錯誤認知的運作方式，會發現原來那些焦慮與憂慮是有跡可循的，即使你覺得你感受到的症狀根本莫名其妙。只要了解問題的關鍵，難題就能迎刃而解。我明白這些道理後，就發展出新的療法，指導患者自行改善自己的狀況（我不喜歡「患者」（patient）一詞，但更不喜歡「客戶」或「當事人」（client），所以我在書裡還是用「患者」）。我認為這個我稱之為自我對話的訓練方法，是我此生最大的成就。

在介紹我的訓練方案之前，先看看幾個關於焦慮與憂鬱的常見誤解。每個人偶爾都會有點焦慮或憂鬱，這是人生的正常現象，跟人約好卻遲到難免會緊張，與朋友起爭執難免會生氣，這些都是無可避免的。大多數人以為所謂的憂鬱症或焦慮症，是因為人生的波折（或基因）所導致（後面章節會深入討論），但這觀念其實不正確，真正的原因是我們因應這些波折的方式。我們遇到人生的難關，例如被查稅、加不了薪或跟另一半起衝突，若是因為缺乏安全感，而增添了無謂的疑慮、恐懼和負能量，真正讓你感到無力的往往不是真實狀況，而是源自不安全感的種種假想情節，你不自覺對自己說：「我不可能撐過去！」或「我搞不定。」

莎士比亞曾說：「錯……不在命運，而在我們自己。」打擊我們的不是人生，而是我們如何解讀、調整人生。若是不安全感在主導你的人生，那就會像是兩張砂紙互相摩擦一樣難受，這是心理的摩擦。而且別懷疑，心理的摩擦就像砂紙損耗木材那樣，也會一點一滴磨損你的能量，終而引發我們常說的焦慮症、恐慌症或憂鬱症。

來自心理學者的直覺

我身為一名心理學者，最重視的才能就是我的直覺。卡爾・古斯塔夫・榮格（Carl Gustav Jung，分析心理學創始人）曾說，直覺是一種能洞察周圍情況的能力。與智力相比，直覺的特質在於它從不費力，沒有刻意安排，只是自然而然就這樣發生了。強烈的直覺之於心理學，跟單筒望遠鏡之於天文學家一樣重要，就好像月球表面透過望遠鏡一看，其實布滿坑坑洞洞一樣，直覺也能揭露焦慮與憂鬱不為人知的一面。

我放大檢視焦慮與憂鬱，就發現自己對待患者的態度也有所不同。我不再採用傳統的被動治療，而是以一種很主動、相當活潑的方式與他們互動。這並不是一種有意識，或是經過深思熟慮的策略，我只是任由直覺引領著我。舉個例子，我發現憂鬱症患者缺少一種能對抗憂鬱的重要能量，於是我散發自己的能量、樂觀和熱情，就能發展出對抗消極、絕望以及無力的態度。我等於是在創造我認為患者缺乏的東西。

對於焦慮症患者我也是依照直覺行事。對於這些病患來說，我是那個傳遞冷靜、鼓勵和信念的人，面對人生的不確定與恐懼，我極力鼓起勇氣，承擔風險。容易焦慮的人通常會過度思考和擔憂，他們要學會克服自我懷疑，並勇於信任自己和生活。

焦慮與憂慮都是從不安全感的沃土長出的雜草。為了不讓它們蔓延侵蝕生活，我明白，光是「我做得到」的態度還不夠，也要挑戰人們對焦慮與憂鬱根深柢固的誤解。

我想，大多數人認為焦慮與憂鬱是某種形式的心理疾病，有些人可能會使用「疾病」一詞。

我們怎麼稱呼一件事是非常重要的，因為語言塑造了我們的思維和感受。馬克・吐溫曾說過：「正確的詞語與差不多正確的詞語之間的區別，就像閃電和螢火蟲的差距。」對我來說，心理「疾病」並不是「差不多」正確的詞語，它是錯誤的用詞！當提到病痛或疾病時，我聯想到的是某種侵入你身體害你受感染的病，比如得到流感，或者踩到生鏽的釘子會得破傷風。但你不會像感冒一樣感染上焦慮或憂鬱，這都是你自己心裡產生的！

為什麼這很重要？因為當你得了感冒、流感或破傷風時，你只是被某種外來邪惡生物入侵的受害者，按照定義，受害者是一個無助且無力的人。如果你把焦慮與憂鬱看作疾病，你很難不覺得自己是個受害者。所以，讓我們改變語言的使用方式，與其稱焦慮和憂鬱為疾病，我想提出一個也許有些異端的觀點——把焦慮與憂鬱看作是一種習慣——一種由不安全感滋養出來的習慣，這些習慣耗損了你腦內的化學機能（這也解釋了為什麼藥物會有效），同時扭曲了你對生活的感知與經驗。這些是**你自己**產生出來的習慣。焦慮，只是一種習慣！憂鬱，只是一種習慣！我的方法或許聽起來很激進，甚至有點隨意，但運用在我的患者身上的效果是有目共睹的：「你是說我不是精神病患？」「真的有你說的這麼簡單嗎？」是真的，真的是這樣！

我知道我的新方法顯然跟以往經常使用的傳統療法大不相同，甚至可以說完全不同，但我的見解比較像是演化而不是革命，所以我花了一些時間，才弄清楚自己究竟在做什麼。

有一天，我治療受焦慮症、恐慌症侵擾的年輕人時，對他說：「你一直希望我能幫你解決焦慮，這個我沒辦法。我能做的，是引導你從新的角度，了解你為何焦慮。我可以鼓勵你，告訴你該怎麼做才能消滅焦慮，但我無法改變你，能改變你的只有你自己。與其把我當成你的心理學家，不如把我當成教練。」就是這個，我是**教練！**不分析，不被動傾聽，不反思，我做的是訓練患者的力量、信心，以及一種自主能力的感覺。我的患者很快就能理解這個簡單的概念，他不再把我當成大家長一般的權威治療師，而是清楚地理解我更有活力的新角色：我引導他的努力、他的決心，最重要的是**他自己**必須願意克服焦慮與憂鬱。

患者與我用這個治療方式進行得很順利，也讓我相信，以教練身分而不是治療師的身分來解決問題，能有更深遠的影響。但等一下，我先在這裡暫停一下，我要把「治療」一詞，換成更精確的**改變**。你從一開始就該了解，我並不是要提倡治療，因為又沒有生病！既然沒有生病，當然就不需要治療。焦慮、憂鬱的人需要的，是改變。

所以我做的事情，是引導改變。從缺乏安全感改變到有安全感，從自我懷疑改變到相信自己，從憂鬱與焦慮走向一個能自我掌控的生活。我發現必須要有一個容易執行的常識技巧，才能對抗頑劣難改的積習，於是我創造了一種我稱之為「自我對話」的方法，自我對話很簡單易做，共分三個步驟，絕對能改變人生。

自我對話是一種強而有力的方程式，能連根拔除焦慮與憂鬱，在想法尚未長成焦慮與憂鬱時就及時阻斷。自我對話能幫助我們從不安全感中走出來，逐步用健康、自由的生活，取代那些讓人受傷害的錯誤念頭。可曾注意到，我說的是「自由的生活」，不是「自由的想法」，你擺脫混亂的過度思考，而非每件事都要大腦過濾：我該把心裡的感受告訴他，但也許我不該這麼直白，或者我也可以……對於生活的反應就會更直接、更自然。

心裡有不安全感作祟，就會想控制生活：「我沒有信心，必須得知道該怎樣才安全。」久而久之，你會過度**推算**生活而不是**體驗**生活：他要是問我在哪裡，我就說我身體不舒服，他要是追問我就……人生都經過推演，或許感覺比隨遇而安還要安全多了，若是毫無推演，只是隨心、自然地過日子，甚至會讓人感覺簡直亂來。

其實才不是亂來，只是**感覺**像亂來。你與生俱來的本能與直覺，經過六百萬年的演化，不會辜負你，只要你學會信任，它們不會讓你失望。這是自我對話最重要的目的之一，要讓你重拾天生憑藉直覺就擁有的相信自己的能力。唯有信任自己，你才會願意冒險不去推算生活，而是活得更自然、更真誠。做到這一點，就能揮別焦慮與憂鬱。

❞你是因為無法信任，才會焦慮、憂鬱。❝

無論你是想運動減重、想健走改善健康，或者你是為大賽做準備的職業運動員，想要有效訓練，就必須依循重複且漸進的計畫持續努力。心理訓練與運動訓練沒什麼不同，同樣是一再重複，循序漸進。自我對話會成為你訓練計畫的核心，你也要付出相同的努力，沒有魔法，沒有禮物，沒有咒語，只有平實的努力。努力會得到回報。

你可以訓練你自己

我不斷調整和深化自我對話的訓練方法，我注意到，那些內心高度積極、同時也容易焦慮的人，特別喜歡訓練的概念。他們對被動的傳統療法常大感挫折，看不到成效的時候尤其如此。只要有設計完善的練習計畫，他們就願意全力以赴。

憂鬱症患者面臨的是不同的問題。因為憂鬱，所以很難打起精神做任何事情。我該怎麼鼓勵憂鬱症患者練習？有憂鬱症，就像開車的時候總是一腳踩油門（健康的欲望）、一腳踩煞車（負面曲解的想法），永遠感覺困在原地，心灰意冷。我知道，我的方法要想奏效，練習計畫就必須讓憂鬱症患者不再踩煞車，我也確實這麼做。我以更客觀、依據事實的想法取代負面的假想，當自我對話與經過引導的樂觀態度結合，就帶來了轉變，一旦患者嘗到了脫離困境的滋味，就會非常樂意繼續練習自我對話。

從這種訓練式的治療法也可以看出，成效並不是取決於治療中的洞察，也不是取決於「啊哈」的靈光乍現，而是來自每日穩定地自我訓練。你去健身房若以為在跑步機上十分鐘，腰圍就能小兩吋，那你一定會非常失望。反之，你要是懷抱著務實的心態踏上跑步機，也真心想開始訓練，那會怎麼樣？首先你會發現每次在跑步機上的訓練看起來都只是單一事件，但當經過一段長期訓練，終究會感受到那些日積月累的回饋。無論是在健身房還是心理治療，訓練方法都要求也培養我們三項重要的事：

一、**耐心**

二、**確實理解改變的機制**

三、**自立**

運用訓練方案，破除負面的思考習慣，就成為你手上拿著的這本書的核心。當然，其中也有一個相當重大的調整：不是由我當你的心理訓練教練，而是你當自己的教練，由你帶領自己走出困局。

你必須理解，真正的療癒潛能始終在你的內心，即便是世上最厲害的心理學家也無法讓你好轉，沒有任何人有這個能力，只有你自己可以，而自我對話會告訴你怎麼做。

我注意到患者對於我的訓練很快就有了回應，而且不會很費力。於是我開始思考，若是讓患者自行練習會有怎樣的效果，我用在患者身上的方法能不能寫成一本書？要不是有位表親問我該怎麼緩解焦慮，我可能不會有寫書的念頭。

我與表親談論我的自我對話技巧，也給她許多我給患者看的資料，裡面有幾種簡單的策略與練習。過了幾個月後，她與我聯繫，說自己已經不再焦慮。我從此堅信，心理訓練絕對可以轉化為自我對話。不久之後我就下定決心開始寫作，但我下定決心的關鍵，並不是表親擺脫焦慮的成功案例。

我想我可以，我以為我可以

我在快四十歲的時候，突然莫名想跑紐約馬拉松。我也不知道為何會這麼想跑，也許是因為聽起來像是不可能的任務，全長可是四十二公里呢！也許我只想知道自己有沒有這個能耐。無論原因是什麼，反正我決定試試看。我沒怎麼認真訓練，畢竟多年來我每天都會慢跑幾里路當作消遣，所以哪有什麼困難？不就是跑久一點，跑長一點嗎？

快轉到六個月後。

馬拉松一開始的幾小時很愉快。我沿著布魯克林的第四大道慢跑，一路與年輕人擊掌，享受著群眾、我的腎上腺素，還有這場比賽。我以前怎麼都沒參加呢？到第三小時已經完成了超過一半的路程，正穿過皇后區，這時的我早就沒與群眾擊掌，而是注意到自己越來越疲倦。跑了四小時，我滿腦子只注意腳底水泡擠壓的嘎吱聲，布朗克斯區變得黯淡。早在十六公里前就開始產生的疲憊感，到了第五個小時，也就是我進入中央公園後，疲憊已經全面吞噬我的身心。一種生存本能占據我的大腦，只想終止疼痛與抽筋，但我還是撐下去跑完全程，耗時五小時二十分鐘。比賽結束後，我拖著腳走過跑道，努力不去想三小時前的人生。

經過幾個月的休養（我在這段時間發誓，絕對，絕對不會再有跑馬拉松的念頭），我跟一位朋友聊起馬拉松，他也參加了同一場比賽，只是他的成績比我好太多。他簡直不敢相信我只在跑道上訓練，「什麼？沒練爬山，也沒練速度？」我這才發現我的訓練問題有多大。我也才明白，人生有些事情並不是表面看到的那樣，至少一開始不是。

又過了幾個月。我看見一本由兩位前馬拉松跑者兼教練寫的好書《競技跑者手冊》（*The Competitive Runner's Handbook*，暫譯），這本書在一個全面的訓練計畫中詳細解釋並分析各個訓練要素，我雖然決心再也不考慮跑馬拉松，但這本書我還是讀得津津有味。我漸漸了解，我的雙腿為何會僵硬，我為何會抽筋，我為何會在後半程差點撐不下去，甚至連雙腳為什麼起水泡都能搞清楚。我發現，只要以正確的方式訓練就不會有這些問題，能一一化解我遭遇的這些難關。**一場難堪又混亂的經驗，原來可以破解、預期、準備，最重要的是可以克服。**這個我喜歡，我想趕快試試我的自我訓練方法。迄今，我跑了三場馬拉松，目前正在為第四場訓練，我的完賽時間已經縮短，不是縮短幾分鐘，而是縮短幾小時。

可以說我對於自我訓練了解了很多。我思考能不能將訓練患者的經驗，轉化為自我訓練的型態，後來證明我訓練我自己跑馬拉松的經驗，派上不小用場。我開始格外注意我與患者合作的方式，我跟他們說了什麼，對他們有哪些建議，以及我為了訓練他們走向成功究竟做了哪些事。我將這些資訊濃縮在這本書裡，想尋求改變的讀者，只要按照書裡的建議去做就能成功。很有意思的是，我跟患者合作的時候，常聽見自己逐字說出這本書的內容。我雖然不喜歡沿用舊的東西，但坦白說，自我對話的訓練有一些基本要素確實很適合自行操作。在某些方面，例如自立、自主等自己追求改變的自我訓練計畫，確實有一些明顯的優勢。這些是我在幾年前新書剛上市時想達成的目標，而且從來自世界各地的無數回應，我知道我已經實現了目標。

無論你是憂鬱還是焦慮，自我對話都會告訴你該怎麼做才能解決問題。我們要是任由自己依循有害的心理模式，身體與心靈都會敗壞，讓你焦慮與憂鬱。焦慮與憂鬱總是循著某種熟悉的模式出現，是對自己不利的負面習慣，自我對話的訓練會告訴你兩件事：一是學會**打破**那些扭曲你的想法、讓你陷入焦慮與憂鬱的有害模式，以及第二，用對自己的**信任**，去取代那些因缺乏安全感而生的念頭。要記住，焦慮與憂鬱的根源是不信任自己，也不信任人生。

依靠自己

擁有一位個人教練（又稱治療師）當然有其好處，但也要記得自我對話的訓練顯而易見的優勢：從一開始你就只能靠自己，所以只有努力不努力、進步不進步兩種選擇，本來也就該是這樣。相信我，若有憂鬱、焦慮的問題，一定**要相信你有能力治癒自己**。你越早願意靠自己改變自己，就越快讓你的人生重回手中。若是非要依靠大師、精神科醫師、藥物，甚至一本書，那終究會失敗，因為只有你自己才能革除你那些有害的習慣，要是指望別人治癒你，照顧你，讓你好轉，那你就跟個孩子一樣，沒有成年人該有的完整潛能。自我對話的訓練要提升的，正是這種成熟與信任的力量。

靠自己得到需要的東西，乍看之下會覺得很困難，尤其是正處於憂鬱狀態的你，我完全能了解這種顧慮，也盡力去體會你的無力。可曾推過一輛拋錨的車？你用力再用力，全身的肌肉都在發力，推了半天才感覺到車子稍稍動了一下，然後開始變得更快、更好推了一點。你現在對抗的是無力。靜止的物體——人、焦慮和憂鬱——都不想動，**一開始的努力是最困難的，但只要有適度的鼓舞、激勵和指引，慣性就可以也必將會轉變為動力**。動力就是動起來的那種美妙感覺，一旦開始之後，行動就會變得越來越容易。你以後就知道了。

練習建議

內在經驗與外在經驗：學會放下思緒

在一天中的某些時刻，開始注意你的「內心對話」。無論你的想法是什麼，現在不要評判或批評，只需留意你的思緒。

在你隨著思緒遊走一段時間後，試著將注意力從思緒中轉移，專注於你當下所處的世界可以做的任何活動，像是聽音樂、賞花或轉手指，不論你在做什麼，盡量完全投入。如果你決定洗碗，就要全神貫注地洗碗，感受肥皂水的觸感、碗盤摩擦時的聲音、毛巾擦乾濕盤子的感覺。不去思考自己在做什麼，而是試著純粹去感受它，放下思緒，投入當下的體驗。這個練習是學會放下有害思維的重要序幕。

02

自我對話七大原則

自我對話的精髓可以濃縮成七項基本原則。第一章已經大致介紹過這些原則，但開始練習之後，還要整合出具體的原則，好支撐你繼續練習，在日常生活中運用這些原則，道理就會更清晰。為了為將來的練習做好準備，你必須先了解這些原則。請把這七項原則寫在紙上，放進包包裡，偶爾拿出來唸一唸，慢慢吸收、沉澱。稍微了解之後，就可以進入第二部，探討自我對話能解決的問題。

原則一：每個人都承受著不安全感

沒有人是在完美的照顧下在完美的世界長大，人類從小到大總會累積一些不安全感。這是難免的，孩子沒有能力去因應、理解早期的創傷、衝突、誤解或失去。感覺失控、脆弱的時候，就會訴諸任何能帶來慰藉的方法：發怒、嘀咕、生氣、躲藏，只要有用就行，這些原始招數的用意都是讓自己更能控制局面來減輕內心的脆弱不安。

久而久之，這些零散的招數逐漸固定下來成為我們熟悉的個性模式，例如擔心（第十二章瞎操心的人）、完美主義（第十六章完美主義者）、迴避（第十四章龜縮的人）、操縱（第十五章變色龍）、敵意（第十三章刺蝟）。儘管這些控制性格模式的本意，是要保護自己免受不安全感影響，結果卻適得其反：種下焦慮與憂鬱的種子。原本只是避開不安全感的隨機行為，最後演變成習慣，不僅改變天生的個性，還拉低生活品質。

你發覺你的心靈開始滋生恐懼、疑慮和負能量，「我搞不定這幾個孩子！」或「何必還要繼續，一切是為了什麼？」浮現這些想法的時候，你就要問自己：「是誰在說話，是我自己，還是我內心的不安全感？」當你清楚意識到不安全感的「聲音」時，就會開始明白其實你有選擇：你可以選擇不聽！能夠區別不安全感的聲音與健康思維的聲音，是邁向更成熟、自由、健康生活的第一步。第八章會介紹自我對話技巧，告訴你如何不再聽從不安全感那出於本能、幼稚的控制聲音。不安全感是焦慮與憂鬱的根源，自我對話能將它們扼殺在萌芽中。

原則二：先產生念頭，才引發情緒、焦慮和憂鬱

大多數人一旦陷入焦慮與憂鬱，就會認為自己是受害者。「她罵我白癡，我當然會憂鬱。難道你不會嗎？」或「你看我被你惹毛了。你滿意了嗎？」或「你為什麼這麼晚才回來？我都快擔心死了。」受害者覺得自己沒有選擇，總會有某個人、某件事「害」他們憂慮、恐慌、生氣、不開心：我要怎樣才能不再憂慮？我的工作快把我搞瘋了，我別無選擇！

有時候，壞心情與焦慮簡直像是無緣無故降臨，你感覺自己被命運無情擺布：「我又沒做什麼事。我只是開車去上班，就莫名其妙開始恐慌。」你認為自己是受害者，就不會覺得自己有能力扭轉內心的感受。一旦明白是先有想法再有感受，就會知道自己並不是無能為力，還是有你能做的事。你可以改變想法，改變了就會發現心情逐漸好轉，自我對話會告訴你，如何為自己的想法負責，擺脫受害者心態，特別是那些來自不安全感的念頭。若是任由不安全感蔓延，你的人生就會由不安全感接管甚至被摧毀。不安全感常藉由類似煩惱、糾結、完美主義等簡單方式，試圖主宰你的人生，因此學會對抗不安全感的掌控，你就能重拾你的人生。

原則三：想控制人生，反而會被焦慮和憂鬱誤導

你若是因為不安全感而感到脆弱、無助，焦慮與憂鬱就只不過是在情急之下想重拾人生主導權的手段罷了。你大概聽過戰鬥或逃跑反應，人類遇到危險，直覺的反應就是戰鬥或逃跑，這是我們天生的心理設定，人類演化史也已經證明這是有效的生存策略。焦慮算是一種戰鬥，憂鬱算是一種逃跑。焦慮（戰鬥）是消耗能量（煩惱、恐慌、糾結、預判、「萬一」等等），憂鬱（逃跑）則是撤回能量（孤立、疲倦、迴避、不在乎等等）。問題是，焦慮與憂鬱不但不能幫我們解決問題，反而還會**變成**問題。

把焦慮與憂鬱當成「感覺受到傷害時，用於保護自己的因應策略」，其實很奇怪，焦慮與

憂鬱與其說是因應策略，不如說是「控制策略」。焦慮會動用你剩餘的所有預期資源，控制你事先做準備，好面對你想像將發生的衝突。憂鬱則以另一種方式控制你，讓你避開你感受到的威脅，方法包括封閉自己、退縮，甚至自殺。你最終是憂鬱還是焦慮其實並不重要，因為同樣都是失敗，無論是哪種情況，你都是被不安全感引起的反射性短視思維牽著鼻子走。

原則四：控制是錯覺，不是答案

內心有不安全感作祟，就會覺得脆弱，此時想要控制是很正常、很有建設性的想法。也許剛開始這個想法很有助益，但受到控制的人生總是會引來憂鬱與焦慮。不安全感是很貪婪的，你越能控制，就越想進一步控制，無論怎樣都不會感覺夠安全，注定只能追逐控制的甜頭。焦急的你越來越急著追逐「甜頭」，也不免注意到，焦慮與憂鬱已經進駐你的人生。

事實是，人生無法控制。大多數人之所以以為人生可以控制，是因為控制確實能帶來短暫的慰藉。如果你曾操縱或哄騙生活，讓生活看似聽命於你的控制，那麼你確實會得到慰藉——只在那一刻。你在著急的時候，這種短暫慰藉對你來說或許是個大解脫，但你若誠實，就會知道所謂的控制一直都只是錯覺，就像颱風眼，是暴風雨之前一段虛假的寧靜。如果說人生從來就不可能完全掌控，就像吊在眼前那根永遠抓不住的紅蘿蔔，那麼，什麼才是解決方案？答案是重拾對自己的信任與信心，如此就不再執著於控制人生，我們將有足夠的勇氣好好生活。

原則五：不安全感是一種習慣，任何習慣都可以戒除

你並不是生來就沒有安全感，不安全感是學會的。孩子沒有能力因應早期的創傷、衝突、誤解和失去，因此難免會有不安全感，而習得自我懷疑與沒有信心，這些有害的心態經過增強就形成習慣。習慣很難戒除，因為習慣就像身上的肌肉，只要有足夠的運動量，就會更強壯。

自我對話能給你力量、方法與意志，想要破除不安全感的習慣，現在就開始告訴自己，學習到的東西都是可以戒除的。這點毫無疑問：任何習慣都能被打破，只需要一個計畫，一點耐心，還有自我對話訓練的決心。

原則六：健康的思維是一種選擇

你可能還不知道，你其實可以選擇不被焦慮或憂鬱打倒。也許你無法控制自己突然興起哪些念頭，但你不需要像順從的小狗一樣，跟著這些念頭走，例如，你要是覺得「我做不到，我會失敗」，顯然是受到不安全感干擾。你其實有其他選擇，是要繼續想：「萬一失敗怎麼辦？我該怎麼辦？慘了慘了……」還是要制止不安全感蔓延？你只要知道你可以選擇，那麼就可以堅持：「這些話都是我內心不安時說的，我不聽，我**選擇**不被這些想法欺凌。」透過自我對話，就能明白該如何鍛鍊必要的肌肉，好去選擇健康的想法。

原則七：好的教練擅長鼓勵

世上最厲害的教練，一定也擅長鼓勵人。你掌握了方法、技能和形勢會有一定的進展，但沒有適當的激勵就不會有理想的成果，這一點在自我訓練中最為重要。如果你正受苦於焦慮或憂鬱，那麼你的不安全感練成了習慣的肌肉記憶，這對你的情緒健康極度不利，因為不安全感時時在破壞你想要變好的努力。想扭轉局勢——建立健康的肌肉（習慣），對抗不安全感造成的扭曲——你必須時時為自己打氣，迎向挑戰。

你要學會不去理會不安全感的抵抗，運用自我對話的訓練工具展現最好的自己，為對的事情而戰需要兩樣東西：正確的態度和適度的鼓勵。正確的態度簡單來說就是擁有正確、正向的心境，而鼓勵能為「我可以做到」的心態，注入源源不絕的力量，支撐你持續努力、走得長遠。現在就開始改變態度，從正向的肯定開始，告訴自己：「我會戰勝一切。」

練習建議

焦慮與憂鬱會讓你困惑、迷失方向，因此最好將這七項原則寫下來，這些原則會成為你的成功座右銘，在壓力大、很痛苦的時候，一讀再讀這七項原則，對你會很有幫助。

第二部

自我對話可以療癒哪些問題

03

理解問題的根源

大多數人以為焦慮與憂鬱是兩個完全無關、各自獨立的問題，但其實不是。雖然焦慮與憂鬱是兩種截然不同的感受，但其實密切相關，若能明白兩者的關聯，就會更充分了解問題出在哪裡。

焦慮可以單獨存在，憂鬱也可以，有時是焦慮引起憂鬱，有時則是憂鬱併發焦慮。我遇過這樣的患者：前一刻極度焦慮，下一刻就憂鬱封閉起來。他們總是過度煩惱、質疑自己、糾結、不安、恐懼、冷漠、疲憊。有個問題是，這些非常不同的感受，怎麼會有這麼多共同點？我暫且不去解釋這些看似不同的差異，先用具體的例子說明。請看下頁圖，你看到什麼，是一個花瓶還是兩張臉？如果你看到的是一個花瓶，就再看看能不能發現兩張臉；如果你看到的是兩張臉，那就找出花瓶。

這張圖強調的是心理學家所謂的主體與背景（figure and ground）。首先吸引你目光的東西，亦即你看到最突出的前景叫做主體，背景則是你看到的主體所依附的場域（無論是花瓶還是兩張臉）。如果你先看到花瓶，那你大概沒看見背景的兩張臉。現在再回頭看看，先找花瓶，再找那兩張臉。注意，你看見的東西似乎越來越近，而你沒看見的東西則是好像漸漸後退。

你若是焦慮，那焦慮就是你的主體，你看見的是焦慮。你也許沒察覺，位在背景的憂鬱也是引發你問題的原因之一，是整體問題的一部分，只是你沒意識到而已。換句話說，如果憂鬱是你的前景主體，那焦慮就有可能在背景。為什麼？因為焦慮與憂鬱同樣都是源自不安全感，焦慮與憂鬱只是兩種不同的策略，目的都是保護你不受傷害，只是焦慮採用的方法是消耗能量，憂鬱則是撤回能量。

四十歲的律師肯恩，拿到一個備受矚目的訴訟案件僅僅幾天後，焦慮與憂鬱就一齊來報到。他煎熬了幾週，迫切想知道究竟是怎麼回事。他每天早上醒來都覺得緊張不安。「我的皮膚好像起了雞皮疙瘩，恐懼到不行。每次恐慌過後，心情就會陷入低潮，真的是超級消沉！我就待在家裡，回到床上，

只想一個人待著。」

肯恩整個職業生涯，都在等待這樣的好機會，現在他終於要成為眾人矚目的焦點，但過往的不安全感又開始浮現，本來應該是畢生難得的機會，卻幾乎毀了他。一開始是他嚴重懷疑自己的能力，很快就惡化成一萬個恐慌的「萬一」，他心中的不安全感將眼前的情況當成威脅，而他的焦慮與憂鬱則是企圖控制一切，做出最後的掙扎。

說焦慮與憂鬱是一種控制的手段，感覺很奇怪，但肯恩的反應顯然符合這個看法。肯恩要是無法走出家門，就必須辭去這個案子，而他確實辭了，也就沒有當眾出醜（失控）的風險，所以我們可以說，他的焦慮與憂鬱確實保護了他，讓他免於恐懼。然而他的焦慮並沒有因為辭去案子而結束，他反而更憂鬱，於是找我尋求治療。

> **你若放任不安全感主宰你的人生，就別指望有人生可言。**

無論你是焦慮、憂鬱，還是兩者皆有，你其實就像肯恩一樣，只不過是覺得安全感受到威脅，想安然度過而已。但現在，你再也不需要依賴草率的、無效的、有害的策略。自我對話不會教你控制問題，而是教你把問題趕出你的人生。

誤導的幫手

你如何看世界，如何解讀經驗，甚至是你的人生哲學，都會受到你的獨特背景影響。就好比山間溪流的路徑，反映其穿過的土地，是一塊巨石、一處高地、或一片樹林。你的背景經驗，無論正面還是負面，都塑造、改變且最終決定了你心理生活的路線。一個經歷過拒絕、創傷、家庭失和、忽視或分離的孩子，對人生的看法可能會偏向焦慮、憂鬱，給這個孩子再多安全感也不夠。相較之下，一個在關愛下長大的孩子，只經歷過些微曲折，未來可能會熱愛冒險，對他而言，沒有高到爬不過去的山。**世界是同一個，只是解讀各有不同**。

早期的創傷，無論是身體上（像是意外、疾病、住院），還是心理上（被拒絕、挫折、家庭破碎、被父母忽視、受虐等等），都是無可避免的。不安全感透過這些創傷，深深扎根在你的靈魂，衍生出有害的思考與意識。久而久之，這些由不安全感延伸出的思考模式，會悄悄耗損你的內在力量，讓你覺得難以掌控情緒，也更容易被情緒牽著走。當你覺得自己在生活中苦苦掙扎，自然而然會以憂鬱和焦慮對抗這種失控的感覺，只是這樣做大錯特錯。

從防衛的角度來看，焦慮與憂鬱也許並不理想，但你若是快撐不下去，又沒有合適的替代方案，那麼暴風雨中的任何港口都得躲進去。然而這是指你若是有焦慮、憂鬱的問題，又沒有有用的替代方案的時候。但現在不一樣了，因為自我對話就是替代方案！

> 製造焦慮或憂鬱的不是人生，是你。

壓力：全憑你怎麼看

碰到燙手的鍋子，反射動作就是痛到彈開。同樣的道理，焦慮與憂鬱比較像是面對壓力的簡單反射動作，不屬於抵擋不安全感的防衛。若說人生帶給你創傷，那生活豈不就像燙鍋子，是害你焦慮與憂鬱的兇手？創傷對每個人來說，不是同樣痛苦嗎？有時候是這樣，但也不見得都是。大多數人會覺得被國稅局查稅是一種創傷，但每個人的反應不一樣，每個人對於失業、出車禍的反應也不一樣。即使你以前受到創傷，會立刻做出反射反應，自我對話也會告訴你，人生不是燙鍋子，你也不是一遇到創傷，就只能陷入有害的情緒。以下吉姆的故事有個重要的道理，你看了就不會再覺得是被憂鬱與焦慮拖累：

中年男子吉姆幾個月前才因為工傷事故失去一隻手，找我做婚姻諮商。我與他會談幾次，談了他對妻子的一些不滿，沒有提到工傷事故，我覺得他應該是不想面對痛失一隻手的事實。我問他失去一隻手的感受，他對我說：「我覺得還好，我還有另一隻手。」後來我才發現，他是真的這麼想！幾個月後，治療結果證實他的問題真的跟失去一隻手無甚關聯。你看到這裡應該也覺得，吉姆遭遇如此悲哀的失控事件，反應真的跟大多數人不一樣。另一位患者則跟吉姆截然不同，他是因為失去一顆臼齒而陷入憂鬱。

吉姆這個活生生的例子，證明了真正構成創傷的，是你對於發生在自己身上的事，對自己說（或沒說）的話。吉姆確實是個特例，大多數人失去一隻手，都會是沉重的打擊，但也要記住，**真正帶給你創傷的，不是你的人生遭遇，而是你如何解讀遭遇**。只有你自己，才能決定是好是壞，是敵是友，是安全還是危險，是暫時遇到難關還是人生全毀。

憂鬱與焦慮是種選擇

要知道，憂鬱與焦慮無論是輕微還是嚴重，都會降低你的生活品質。很多人只是聳聳肩，無奈接受逆境，認為難免會遇到這樣的事，我這個人從來就沒順利過，幹嘛還要管這麼多？也有一些人會瘋狂想辦法掌控自己的人生，我要是得到那份工作（車子、升遷、戀人、學位、房子等），那我的心裡就好受多了。還有些人則是什麼也不做，只是盡量適應，但誰能適應充滿挫折的痛苦人生？也許你覺得自己的人生毫無生氣，但你又有什麼選擇？

這裡的關鍵字是**選擇**，我來解釋一下。

不安全感一旦在你的內心生根，不僅會影響你對世界的看法，也會影響你對自己的看法。人們常常會把自己這個人與問題本身劃上等號，例如你可能認為自己容易緊張，或喜怒無常、容易生氣、能力不足，每當遇到新患者對我說「我憂鬱」時，我馬上就會把話說清楚：「不對，**不是你憂鬱，是你的一部分憂鬱。憂鬱並不等於你這個人！**」這種簡單的區分，將你與你的症狀分開，是認知到你其實有選擇權的第一步。身陷心理問題的漩渦，找不到出路的時候，很難相信自己其實很健康，只不過是心靈被憂鬱、焦慮、恐慌闖入而已。這種想法乍聽之下很荒謬，其實一點都不會！露西在我的網站的貼文，道盡這困惑的心境：

我被我腦袋裡喋喋不休的聲音搞瘋了。我也不想擔心，但我腦袋裡面擔心的聲音一再堅稱：「你現在沒有冷靜、開心的理由。」「萬一出事怎麼辦？」我也告訴自己，這些念頭是沒有道理的，但感覺好真實，不去理會心中的擔心，反而像自己在騙自己。

我心裡的擔憂感受很真實，若是不去理會，感覺像是不負責任。我簡直像是存心不讓自己平靜、快樂！這會不會太荒唐？我很困惑，焦慮得要命，想正常過日子都很困難。

我回應：

不對，存心不讓自己快樂的並不是你，而是你焦慮、擔憂的習慣！你太認同自己的焦慮，所以很難區分健康與不健康。我在很多年前戒菸的時候，太認同自己抽菸的習慣，直到現在我都不好意思提起當時在我腦中肆虐的那些瘋狂的念頭，那時我還叫妻子給我一個活下去的理由。我並不是憂鬱，也不是想自殺，完全不是。我只是很困惑，因為所有的樂趣都跟我抽菸的習慣有關，我的習慣操控我的認知、我的恐懼，還有我這個人，我完全迷失了方向。無論是抽菸、不快樂、焦慮還是憂鬱，你認同自己的習慣，就會變成這樣，無法看清全貌。

焦慮與憂鬱經常會引發困惑，因此我發展出自我對話的練習法，訓練自己脫離不安全感引發的扭曲思路。你能把**你自己還有你的問題區分開來，真理就會越來越明朗，然後再運用自我對話，事情就很簡單，你追求的平靜和幸福就只是選擇而已。**

你大概從未發現，你其實可以選擇不憂鬱、不焦慮，就好比一隻狗隨心奔跑的欲望總被牽繩拉回來一樣，你的思路也時不時將你拉扯回痛苦的人生中。自我對話會讓你知道，你其實有選擇。無論你被不安全感的習慣困擾了多久，你只要知道將不安全感、慣性思考，改為較成熟、負責的思考，人生就再也不會被焦慮與憂鬱迫害。

「**叫我換個想法？**」聽起來是不是不可能做到？我的女兒蘿倫八年級時參加田徑隊，要長跑的時候就是這麼想的。一開始我跟她出門慢跑幾次，結果她側腹痛，只能用走的。她很沮喪，也懷疑自己是否有能力跑完。我盡量安慰她，告訴她適度訓練很重要，也讓她知道，她的身體會抗拒疲憊很正常，但若想跑完全程，就要訓練自己的身體去做一開始覺得很不合理的事。

她開始認真訓練。我們仔細分析她訓練的過程，不到幾週她就能輕鬆跑完一英里，她還需要加強訓練耐力與速度，才能有更好的成績。我們運用我跑馬拉松的經驗制訂一個訓練計畫，增加訓練時間，也添加一些爬坡訓練、速度訓練。她的身體經過訓練，能做到僅僅幾週前感覺不可能做到的事。她的第一場賽事即將舉行，她很緊張，但也準備好了，而且她訓練有素。

自我對話的訓練計畫也會給你致勝方程式。當然，要去做一些不一樣的事總會覺得不自然。什麼，你要我學會信任？可是我一直在疑神疑鬼！儘管如此，你的角色、你的形象、你的認同都只不過是習慣而已，反映了你人生經驗的總和。**你的角色是學習來的，所以按照自我對話的練習，可以推翻、戒除，改換成更健康的選項**。

過於神經質的自我認知是在早期成長期間形成的，所以焦慮與憂鬱經常會反映出於本能、幼稚的特質。看看艾瑞克的恐懼：

> 我快把我自己逼瘋了！我整天煩惱個沒完。有人感冒了，我就怕被傳染，聽見哪個名人得癌症，我就會開始焦慮。我時時擔心老闆嫌棄我的工作表現，不想被吼罵。我感覺好脆弱，好害怕，我只想安安穩穩過日子。我覺得世界很醜陋，我不是這個世界的對手，我覺得我會被啃到只剩渣渣，我就像個嬰兒一樣脆弱。我太太要是聽到我這麼說，一定很受不了。我不敢讓她知道我的恐懼，她還以為我正常得很，沒什麼毛病。其實我才不正常！
>
> 我小時候得過很嚴重的腎臟疾病，整個三年級都只能待在家中無法上學。身體康復之後，母親還是很擔心，一定要再三確認沒人能傷害我。我的少棒教練有一次因為我失誤對我大吼，你應該看看我媽追殺他的模樣。還有一次，學校那個喜歡欺負別人的小霸王說要揍扁我，我媽要求他的家長寫道歉信，還真的拿到了！我承認我媽對我保護過頭，但有我媽在，我什麼都不用煩惱。我知道這樣不健康，但我很喜歡這種安全感，不需要擔心的感覺真是太好了！

有時候情況糟到我又開始恐慌，我還會吸自己的拇指！這件事我從來沒告訴過別人，現在說出來覺得好悲哀，好想哭。我感覺我永遠長不大。

艾瑞克是我們所謂的永恆少年（Puer Aeternus），明明是成年男子，個性卻永遠長不大。

看自己展現在外的憂鬱與焦慮表現。你的某些反應會不會很像小朋友？之所以會很幼稚，是因為這些反應是你很久之前還是小朋友時創造出來的。雖然你在很多方面都有所成長也有所改變，但你的不安全感習慣仍完全沒改變，還是跟多年前一樣原始、扭曲，你太習慣與陳年的不安全感共處，從來沒想過要更新或推翻。你的人生就是緊抓著不安全感不放，因為你沒試過另一種生活，神經質對你而言就是習慣的日常。是日常沒錯，但卻不快樂。

控制與不安全感的習慣，常常已經深植在我們的思維裡，要改變，當然不容易。但改變會有希望嗎？答案是非常有希望，因為你有一個祕密武器：真相。道理很簡單，**焦慮與憂鬱是源自錯誤曲解的認知上，那是假想而非事實**。「我不討喜」、「我永遠不會成功」或「我是失敗者」之類的感覺，有時候你可能會誤以為是事實（別人要是反駁，還會被你砲轟）。若是你想擺脫焦慮與憂鬱，就必須讓你的不安全感平息下來，別再擴大這份不安，要看清楚事實，而不是任由你的內在小孩再去產生更多錯誤的想像。你之所以討厭自己，討厭你的人生，也許有很多曲解的原因，但真相只有一個：你沒有問題，從來就沒有。

自我對話的主要目的之一，是了解自己人生的真相。一開始也許會覺得很彆扭，但相信我，活出真實的人生，就能迅速汰除陳舊且有害的習慣與認知，你會發現，活在真實的當下是完全自然並自在的。不相信嗎？我可以向你保證，就我的經驗來看，一旦以成熟的方式過生活，那些因不安全感而產生的幼稚想法就慢慢消散了，沒有人想再回到過去的老習慣。

排除生理因素

接下來的兩章會詳細探討焦慮與憂鬱。但在開始討論之前，我想先提醒，雖說這些問題多半是源自心理因素，但有些憂鬱與焦慮是由生理因素引起的，包括甲狀腺機能亢進、甲狀腺機能低下、低血糖、內分泌疾病、心血管疾病、呼吸疾病、代謝問題、神經疾病、病毒感染、疲勞、藥物反應、濫用酒精、咖啡因、其他藥物等等。

在展開任何自救計畫前，你應先確認你的焦慮或憂鬱，不是由身體或生理因素引起。有個簡單的基本原則：觀察你的症狀是否伴隨負面思想、最近的創傷、失去或長期壓力。如果不是，那麼你的問題可能與生理因素有關，你該請教醫師。若有任何疑慮，一定要安排健康檢查。

練習建議

在接下來兩章學習焦慮與憂鬱之前，先花一點時間回顧自己較負面的行為或感受，判斷問題的根源是焦慮、憂鬱，還是兩者皆是。有個簡單的原則，就是要記住，焦慮是以消耗過多精神能量來防衛，憂鬱則是撤回能量的防衛。你可以製作一個類似下方範例的檢查表。閱讀完接下來的兩章，再看看你直覺的感受有多準確。

令人困擾的行為和想法	憂鬱	焦慮	焦慮和憂鬱
1. 我發現自己一整天都在生悶氣。她為什麼要這樣對待我？	☑	☐	☐
2. 我昨晚睡不著。或許他真的不愛我。我該怎麼辦？我真是個失敗者。	☐	☐	☑
3. 不敢相信我竟然對他說這些話！我怎麼了？萬一他認為我是認真的怎麼辦？萬一他告訴所有人怎麼辦……	☐	☑	☐

後續追蹤

填寫完檢查表後，花點時間再次檢視讓你困擾的行為，看看是否能發現一些不經大腦、幼稚的傾向。這種認識對自我對話的訓練計畫將非常重要。

04

憂鬱

你說你憂鬱，每個人聽了都知道你的意思。感覺頹喪、痛苦、消極、無法承受，或覺得自己一文不值，這些感受都是我們常說的憂鬱跡象，許多人時不時會有這些跡象，因為憂鬱是身而為人躲不過的一部分。然而**感覺憂鬱**與臨床上的憂鬱症是不一樣的。

憂鬱症的傳統定義符合美國精神醫學學會《精神疾病診斷與統計手冊》描述的臨床標準的憂鬱。憂鬱症不是想像出來的，也不是「都怪你腦子不對勁」，而是全身的問題，有生物化學因素，也有情緒因素。憂鬱症的症狀包括悲傷、愛哭、疲勞、食慾異常、性慾降低、擔憂、恐懼、注意力不集中和絕望等等，如果沒有積極治療，後果顯然會很嚴重，然而卻常常不被理會。

原因是，對某些人來說「憂鬱症」是一種可恥的標籤。患者覺得尷尬、恥辱，覺得自己無力應對都是因為太軟弱了，他們會說，「我應該能處理。」或「我沒有理由憂鬱，過一段時間總可以撐過去。」而有些人只是無知，覺得憂鬱不過是人生無可避免的一部分。看看艾琪的例子，她今年三十四歲，是一位有三個孩子的憂鬱主婦。她還是能正常生活，所以不覺得自己需要幫助：

我覺得心裡空虛已經很久了。一開始還以為是生活一成不變的關係。起床、張羅孩子們上學、打掃、購物、煮飯、盯孩子做功課，日復一日，全年無休，最近我感覺更疲勞，心情很低落。我也沒想太多，只覺得自己別無選擇。我覺得人生是一種包袱，嗯……這就是人生。說來好笑，但佩姬李（Peggy Lee，編按：美國爵士流行女歌手）的那首老歌〈難道就只有這樣〉（Is that all there is）一直在我腦海中響起，想想其實一點也不好笑。

最近我哭了幾次，都是情緒一上來，突然說哭就哭了。我在先生、孩子面前裝作沒事，但最近感覺很難演下去，尤其是在我先生面前，我對夫妻房事完全提不起興趣。以前喜歡做的事情，比方說看書、外出晚餐、招待朋友來家裡坐坐，現在全都變成很吃力的苦差事。我只想一個人清靜清靜，但那是不可能的。我感覺與世界越來越疏離，最可怕的是，就連孩子們也不能讓我快樂，這我真的受不了！

艾琪顯然很憂鬱……對吧？不過，她自己起初不這麼覺得，她是煎熬了超過六個月，才發覺自己憂鬱。憂鬱之所以被忽視，還有另一個常見的原因，那就是**我們會去適應低落的心情**，**無意間養成憂鬱的習慣**。久而久之就覺得這樣的情緒很正常，不好受但很正常，就像戴太陽眼鏡，戴了一段時間後就習慣變暗的視野。艾琪一開始以為只是自己無能，不如其他母親能幹，她太軟弱，無力勝任母職。她的不安全感本就嚴重，這種曲解又羞恥的自我認知，更是加深了不安全感，將她打入憂鬱症。

我有多憂鬱？

艾琪剛開始接受諮商的時候，整體狀態已經嚴重惡化。她覺得家裡的事情不能沒有她處理，所以急著想知道能否服用抗憂鬱藥物，服藥不到一個月，就感覺自己似乎有多一點點的包容和樂觀，狀態大有改善，整體表現大有進步。

她感到壓力減輕，總算能透過諮商遏止不安全感造成的傷害。艾琪發現是她讓自己受到環境影響，她無力承受，一切失控，太缺乏安全感，讓她不去正視自己的需求，所以只好屈服。她發現一旦投降，就免不了憂鬱，覺得自己被困住，無處可逃，而她從來不知道其實可以選擇。艾琪邁向健康的第一步，就是認清自己確實憂鬱，也需要幫助。自我對話，加上能緩解症狀的藥物，不久之後她就開始做出健康的選擇。

就像艾琪一樣，你必須了解自己究竟有多憂鬱。如果你的狀態不斷惡化，想法越來越黑暗、難以承受，就該考慮找專業心理衛生人員評估。如果你覺得自己還支撐得住，還能正常度日，僅是輕度甚至中度憂鬱（只要你還能勉強應付），那麼自我管理的計畫也許就能幫你扭轉困頓狀態。

憂鬱症若是嚴重，可能會危及性命，所以我們先完成下列的自我檢測，看看自己是否已經罹患憂鬱症。檢視以下症狀，若是你已有這種症狀超過兩星期，就在上方的方格打勾。

- □ 我幾乎每一天的大多數時候，都覺得憂鬱、悲傷或惱怒。
- □ 我以前喜歡做的事情，現在卻再也提不起興趣。
- □ 我發現自己食慾增強（或減弱），體重也隨之改變。
- □ 我睡眠量太多（或太少）。
- □ 我總是精疲力盡。
- □ 我常常覺得自己一文不值，或有罪惡感。
- □ 我的注意力下降，也很難做決定。
- □ 我覺得焦躁不安、心神不寧，動作也變慢。
- □ 我常常想到死亡，想過自殺（或是真的自殺過）。

上述症狀若不到四項打勾，可能是輕度憂鬱（前提是你沒有勾選最後一項），要注意，即使是輕度憂鬱，也不能對最後一項念頭置之不理，例如輕鬱症（dysthymic disorder）就是一種特別棘手的輕度憂鬱，病患會長期感到悲傷、絕望，而且症狀可能維持好幾年。還有一種很難界定也很難診斷的輕度憂鬱，叫做非典型憂鬱症（atypical depression），之所以難診斷，是因為你可能今天心情不錯，明天就很低落。無論是單獨進行自我對話，或是自我對話搭配諮商，都能有效對抗這些問題，有些情況可能需要抗憂鬱藥物。如果你選擇自我對話的訓練，那就要定期重做這項檢測，看看你的憂鬱症是否有所緩解。

如果你具有五項以上症狀，那麼你可能處於重度憂鬱期，應該諮詢專業心理衛生人員或醫生，討論是否需要抗憂鬱藥物，尤其是如果你有自殺的念頭或幻想。如果你有自殺念頭，也覺得失控，就應該立刻聯繫醫療人員，千萬別猶豫！若是無人可以聯繫，那就聯繫距離你最近的醫院急診室。

辨識憂鬱症

憂鬱症的切實起因至今仍未確定，不過目前可以確定的是，的確有一些常見因素會觸發憂鬱症或憂鬱症狀。你之所以憂鬱，也許是下列五項因素引起：

- **身體疾病**有可能引發憂鬱。糖尿病、甲狀腺疾病、癌症、鬱血性心臟衰竭、帕金森氏症，以及慢性病、無法治癒和疼痛的疾病（脊髓損傷、後天免疫缺乏症候群〔AIDS〕等），甚至一個簡單的病毒都可能助長憂鬱。很多疾病都有可能導致憂鬱，你若有患病的可能，最好安排詳細的健康檢查。

• **藥物、非處方藥和非法藥物**都可能引起包括憂鬱在內的副作用。處方藥如高血壓藥物、鎮靜劑、類固醇、可待因、酒精或藥物中毒，以及酒精與藥物戒斷，都有可能引發憂鬱。如果你覺得你的憂鬱與你目前服用的藥物有關，就該立刻聯繫醫師。

• **家族病史**可能會促成憂鬱症發生。家族中有人罹患憂鬱症，那麼兄弟姊妹、父母或其他近親罹患憂鬱症的機率會提高一・五至三倍。要與你的家族討論這件事的嚴重性，請他們坦白向你說明家族的病史。

• **環境壓力**可能導致憂鬱。死亡、離婚、失業、一段重要關係的結束，以及貧窮、危險、不穩定的生活環境，都會形成重大壓力，進而引發憂鬱。最新研究證實，環境或社會壓力會改變大腦神經元的形狀、大小和數量。要記住，影響我們的不只是壓力，還有我們在生活中如何解讀、處理壓力（自我對話會告訴你該怎麼做）。

• **心理因素**也會影響憂鬱。大部分的憂鬱都是壓力和焦慮觸發，研究證實，幼兒時期的經驗會影響一個人對於憂鬱症的敏感性（sensitivity）與易感性（susceptibility）。簡言之，不安全感會導致曲解、負面的思考，正是這種不安全感養成的思維習慣助長了憂鬱。憂鬱症多半會一再發生，發作過一次的人，有百分之八十會再次發作，除非改變思維習慣（自我對話能幫助你改變習慣）。

”除非你改變不安、負面的思維習慣，否則你始終易受憂鬱影響，或是憂鬱症復發。“

自然的憂鬱，有害的憂鬱

看到這裡你應該明白，憂鬱有很多種面貌，也容易讓人困惑，自我對話可以幫助你練習將問題簡化。一般多半是將憂鬱區分為兩大類：自然的憂鬱和有害的憂鬱。這裡還另外列出第三種憂鬱：自然與有害的憂鬱，但這其實只是一個用詞，用來描述自然的憂鬱是如何演變成有害的憂鬱。

- **自然的憂鬱**：自然的憂鬱是對於失去、挫折、身體疾病或悲劇事件適當的反應，過了一段時間就會消失。例如，一個人痛失至親，當然會嚴重憂鬱，症狀包括強烈悲傷、失眠、食慾不振、注意力不集中和全身不適。這些症狀確實難受，但也是痛失至親正常且可以想見的現象，我多半不會建議哀傷的人尋求治療。如果你面對壓力或創傷的反應前後一致，也不過分誇大，那麼憂鬱應該算是一種因應機制，會隨著時間逐漸消散。
- **有害的憂鬱**：創傷或壓力可能會觸發有害的憂鬱，但讓它持續延燒的是不安全感帶來的負面思維。想法會改變你大腦的化學作用，因此有害的憂鬱很容易惡化成憂鬱症。在接下來的幾章，你會發現憂鬱往往是一種想控制生活的無力之舉。
- **自然與有害的憂鬱**：如果一個自然憂鬱的人，開始以充滿不安全感的想法強化自己的憂鬱，就會發展成有害的憂鬱。以一個寡婦為例，如果她內心的不安全感開始製造與痛失至親無關的症狀，像是罪惡感、覺得自己無價值、長期喪失生活能力，甚或有自殺的念頭，那麼可以判斷她的自然憂鬱可能就已經惡化成有害憂鬱。

相對來說，我究竟有多憂鬱？

要評估憂鬱，除了評估心情之外，也要觀察行為是否改變。例如，輕度憂鬱的人也許是對工作提不起勁：「我也不曉得怎麼回事，反正就是再也不想上班了。」延續同一個例子，這個人若是中度憂鬱，可能會開始曠職，或者是常請病假或無端請假。中度憂鬱會導致一個人喪失某些生活能力，至於重度憂鬱的人，則生活能力會出現嚴重障礙，不僅無法工作，連日常生活的簡單任務，像是梳洗、與人相處、甚至吃飯，他們也做不到。重度憂鬱顯然會重創一個人的情緒與功能。

如果你感染病毒，體溫是攝氏三十七．五度，你大概還不會太擔心，但體溫到三十九度的時候，就會開始很擔心了。憂鬱的人常會遇到的另一個問題：要如何從盡量客觀的角度，判斷自己究竟憂鬱。沒有所謂的憂鬱量測器可用，於是我整理了憂鬱程度量表，讓你了解你憂鬱的程度大概到哪裡。量表從數字1到10，要注意，症狀是會累積的，意思是中度憂鬱的人也具有輕度憂鬱的所有症狀，而重度憂鬱的人也會有輕度與中度憂鬱的症狀。現在就看看後頁的量表，判斷你的憂鬱程度。

心情不好是一種憂鬱嗎？每個人偶爾都有低落的時候，沒什麼大不了的，也不是驚天動地的事，就只是提不起勁而已。心情不好是短暫的反應，這樣並不是憂鬱，雖然不好受，但也不嚴重。相較之下，若是陷入有害的憂鬱，就會一再為了對抗不安全感，而耗盡重要的能量。這裡的關鍵詞是「習慣」，心情不好只是偶發的輕微動盪，不是一直存在的習慣。

差點被待辦的文書工作淹沒，又熱得快要窒息，心情很鬱悶，我怎知那不是憂鬱？我知道不是，因為鬱悶的心情過了一段時間就消失。若是不確定，等一段時間就知道了。幾天後你的心情要是還沒有

憂鬱程度量表

1　2　3　4　5　6　7　8　9　10

輕度	中度	重度
情緒低落、冷淡、精神委靡、表現下降、不想做原本有興趣做或喜好的事情、自發性降低、感覺每一件事情都很乏味、偶爾憂鬱、雖然生活或工作吃力，但還不到障礙的地步	輕度憂鬱的所有症狀加劇、偶爾哭泣或流淚、擔憂、一般的生活或工作能力有輕微障礙、疲倦、焦慮、社交困難、食慾可能異常、睡眠障礙或睡眠過多、可能注意力不集中與記憶減退、性慾減退、大多時候憂鬱，偶爾會分心、容易生病、對挫折的容忍度低、絕望	輕度與中度憂鬱的所有症狀加劇、生活或工作能力幾乎喪失或完全喪失、有自殺的念頭、一直憂鬱

好轉，那麼就有可能患憂鬱症。

”**對憂鬱或焦慮來說，最有效的療法就是吃高熱量零食——至少在吞下去之前是這樣。**“

那麼藥物治療呢？

先前提過，憂鬱症會嚴重妨礙你正常過日子的能力。如果是重度憂鬱，也許需要服用抗憂鬱藥物。可以考慮副作用較低的選擇性血清素再吸收抑制劑（SSRI）藥物，能迅速發揮療效，而且安全又不會上癮，所以考慮的時候不需要太糾結。但是僅憑藥物，並不能有效治療，研究證實，藥物搭配諮商，對於治療中度至重度憂鬱最為有效。要記住，除非能消滅引發憂鬱的感受及充滿不安全感的念頭，否則憂鬱症很有可能復發。

很多人一想到服用抗憂鬱藥物，就有許多負面的反應：「我都搞到要吃藥了，真是完了。」「吃藥？我病得那麼重了嗎？」這種心態並不健康，因為任何人（不只是你）當壓力、焦慮、憂鬱累積到一個程度，正常的生物化學平衡都會被打亂。你的情緒對大腦化學物質（血清素、多巴胺、正腎上腺素等神經傳導物質）的耗竭十分敏感，抗憂鬱藥物能將耗竭的生物化學物質復原。吃藥讓情緒好轉感覺不太自然，但也要想想：抗憂鬱藥物並不會讓你興奮，也不會掩蓋憂鬱，而是會讓你**重建較自然的平衡**。你的身體若是更強壯，那麼無論是只做自我對話，還是自我對話搭配專業諮商，你付出的努力都能有最好的效果。可以把抗憂鬱藥物當成「治療引導人」，能夠透過自我對話快速達成自我依靠的終極目標。

你若只有少數幾項上述症狀，或是偶爾才感覺到這類情況，算不算憂鬱？需不需要服藥？如果你運作正常且情緒穩定，這樣也許是輕度憂鬱，大概不需要服藥，但絕對要改變！自我對話會告訴你，如何擁有免於不安全感的人生，讓憂鬱的心理與化學效應不再消耗你的身心。一旦停止消耗，就能自然恢復你體內的化學物質。想以自我對話消滅憂鬱，必須符合下列條件：

- 了解你的哪些行為是在助長憂鬱的習慣
- 有一個循序漸進的訓練計畫
- 持續訓練的能力（視憂鬱程度而定）

你若是達成這三項目標，就能適度期待自己可以戰勝憂鬱。

憂鬱的類型

我前面說過，我們通常會忽視自己的憂鬱，原因之一是我們會適應低落的心情，另一個原因是忽視。憂鬱（尤其是輕度與中度憂鬱）很容易被誤認、誤解、開脫：「我只是無聊而已。」「別管我，我只想躺在床上，我很累」或「沒事，我只是心情不好。」接下來介紹幾種常見的憂鬱，你就會更進一步了解憂鬱的多種面貌。

重度憂鬱

重度憂鬱是最嚴重的憂鬱，特色是一次或一次以上的「重度憂鬱期」（見第61頁自我檢測列出的症狀）。重度憂鬱的典型特色是嚴重絕望、無望、無價值感、沮喪、對於平常做的事情失去興趣等等。這種憂鬱的自殺率很高，也伴隨著藥物濫用、恐慌和強迫症。

女性重度憂鬱的機率較大，但其實任何人都有可能，大約每十人就有一人受重度憂鬱影響。如果是重度憂鬱，應該立即聯繫專業心理衛生人員。雖說藥物治療與心理治療必不可少，但是自我對話的練習也可用於長期輔助治療，還能持續避免復發。

輕鬱症

輕鬱症特色是長期心情憂鬱，通常會以難過或抑鬱形容，往往會持續幾年，不會讓一個人的日常運作停擺。雖不會停擺，但會嚴重妨礙。一般而言，患者會出現低度憂鬱症狀，包括自信低落、精神不佳、睡眠障礙、食慾不振或暴飲暴食、難以滿足等。

女性罹患輕鬱症的機率通常高於男性。個人諮商與藥物治療雖然也能見效，但自我對話的練習是一種有價值且有效的技巧，能帶你走出提不起勁的狀態。

季節性憂鬱症

季節性憂鬱症（Seasonal Affective Depression, SAD）通常又稱「冬季憂鬱」（Winter Blues），並不是常見的憂鬱症。雖然目前還不清楚具體原因，但冬季日照不足似乎是主因，你住的地方的緯度是個重要變數。症狀從輕微到嚴重不等，通常在深秋出現，在早春消失。

「光照療法」（全光譜螢光療法）的療效已是經研究證實有效。自我對話的練習能有效控制季節性憂鬱症的消極、內疚和無力感，而且效果很好。

雙相憂鬱症

雙相憂鬱症（也就是俗稱的躁鬱症）的特色，是時而一連幾天甚至幾個月精力充沛，能量大到不可思議，時而嚴重憂鬱，感覺無力、自信低落、退縮、悲傷、想自殺等等。無論在哪個階段，患者濫用酒精、藥物的機率都很高，沒有明確的環境或情境起因。

遺傳與心理因素似乎是雙相憂鬱症的主因，親人若是患有此病，那自己患病的機率也較高，應該盡快向專業心理衛生人士求助。以自我對話搭配治療，就能長期保持穩定。

非典型憂鬱症

這種憂鬱症沒有其他憂鬱症常見的長期低落反應，患者可能今天很好，隔天卻憂鬱低落，而且往往不是因為某個事件或某個因素引起。自我對話的練習對非典型憂鬱症有很大幫助。

產後憂鬱症

很多女性生產過後情緒都會稍微低落。然而症狀若是變得更嚴重，持續超過幾天，就有可能是罹患產後憂鬱症。產後憂鬱症是一種嚴重的憂鬱症，可能會影響母親與寶寶的健康，似乎是由於荷爾蒙失衡引起。

要立刻尋求協助。自我對話再加上正規治療，特別能消除扭曲的認知與感受，並保持樂觀的態度。

練習建議

根據本章的描述，看看你每天都需要面對的問題中，發現了多少憂鬱症狀。將這些症狀列出來，然後使用憂鬱程度量表（第66頁）評估你的憂鬱程度。

這個量表的檢測結果將做為你訓練的基準。在你開始更正式的訓練時，可以每週一次重複列出並評估你的狀況，確保你的憂鬱並未惡化。檢測結果還將帶給你有益的回饋和鼓勵。

05 焦慮

我的心臟病要發作了。相信我，我是說真的，有時候你心裡就是有數。我最近怕去上班，就算去上班也會一直找機會休息，盡量不讓自己的心率太高。我做了健康檢查，醫生說我的血壓稍微偏高。我的血壓要是真的高了一點，醫生應該就只會叫我減重幾公斤，不會開藥給我！我覺得醫生是怕我太擔心，他叫我吃乙型阻斷劑，現在我滿腦子想的，就是我的心臟快爆炸了。

我還不知道自己血壓太高的時候就已經很擔心了，現在我很怕身體會出大事。人家說高血壓是沉默殺手，但對我來說這個殺手才不沉默，我都可以感覺到我的血壓了！我覺得我像個充氣過頭的氣球，都快爆開了。

醫生叫我放輕鬆，說我是「健康寶寶」。我知道他是不肯跟我說實話，因為他曉得我會擔心，反正醫生光憑幾項檢查，也沒辦法判斷是怎麼一回事，我的心臟真的要爆炸了！我怕太累，都不敢有性行為了，太太覺得我是個神經病，孩子們也想知道我為什麼都不跟他們玩傳接球。我越來越緊張，都睡不著覺了，我最近上床睡覺，都感覺到心跳得好快，我真的慌了……慌得直冒汗，昨天晚上我還換氣過度，我的心臟再也受不了啦！我應該要放鬆，可是我卻把自己逼上絕路。

我覺得我應該住院才對，我一天到晚都在擔心，滿腦子都是這件事。我真的不想去想，但又沒辦法不想，我快把我自己逼瘋了。我一直想像自己痛苦地躺在救護車裡，我不想死。

薩爾長期受焦慮與恐慌糾纏，這兩種情緒交織在一起，真是夠難受的。說到底，是他內心的不安全感太強烈，讓他無法信任生命。與生命最有關係的器官就是心臟，於是薩爾把他的不安全感投射在心臟，他不信任自己的心臟會穩定運作，也就無法信任自己能好好活著，唯一能做的，就是長期活在不安和恐懼中。

所幸後來薩爾透過自我對話，學會對抗這些曲解的念頭，他終於明白，問題不在生命本身，也不在他的心臟，而是長年的不安全感、不信任的習慣需要改變。薩爾依循我們從諮商歸納出的心得，開始反擊他的不安全感，重建自己的信任。

薩爾的心臟確實沒有問題，其實你剛才看的故事發生在五年多前。我最近在一場地區棒球賽遇到薩爾，他是球隊經理，練習結束後他在離開球場的路上看到我，臉上掛著大大的微笑走上前來，對我說：「嘿，醫生，你應該覺得這個老傢伙還行吧，對不對？」我們都笑了。要是五年前的他就知道這個結果該有多好。

無論是輕度焦慮，還是像薩爾這種恐慌發作的重度焦慮，對你的身體都會產生嚴重影響。

焦慮可能會造成的效應包括：血糖上升、肌肉緊繃、口乾舌燥、心跳加快／心悸、頭痛、疲倦、陽痿、結腸痙攣、腹瀉／便秘、失眠、注意力不集中、普遍的憂慮與恐懼。

都怪劍齒虎

焦慮是人類在演化過程中遺留下來的一種生存本能，科學家稱之為戰鬥或逃跑反應。在過往的演化史，戰鬥或逃跑反應是人類得以存活的關鍵，我們要面對現實，人類天生並不具備快如閃電的速度、鋒利的牙齒、鐮刀般的爪子，甚至沒有天然保護色。我們其實很脆弱，需要基因所能提供的所有好處才不至於滅絕。

戰鬥或逃跑反應是一種全身性的保護策略，會釋放荷爾蒙與化學物質，迅速補充身體的能量，能量滿滿的我們就有能力對抗危險，或是逃離。無論如何，我們充滿活力的身體已經做好準備，你的基因不會在乎你是英雄還是狗熊，只要能活下來就好。

綜觀人類史，你會發現戰鬥或逃跑反應是合理的生存機制，直到現在仍然合理，尤其是在危急時刻。我還記得有一次，我一個人在北卡羅來納州的一處磷酸鹽礦床挖化石，不小心踏入流沙中，大腿以下陷入流沙，而且還在不斷下降，這時我的意識狀態變得跟平常完全不同。我滿腦子只知道到我的呼吸急促而淺短，我整個上半身趴在一把挖掘耙上，幸好我那次帶著這把挖掘耙。我以空前的力量，運用上半身的肌肉，繼續張開身體趴在挖掘耙上，同時雙腿用力掙脫流沙無比強大的吸力。我慢慢前進，大概努力了十分鐘，感覺卻像掙扎了十年，才爬上較為穩定的地面，筋疲力盡癱倒在地。我大口喝光剩下的水，急著拆開我連同午餐一起帶來的棒棒糖。還好有帶來，我餓壞了，體力耗盡，脈搏與呼吸很久都無法放慢。

我從這一次差點死掉的經驗學到什麼？我學到，身體是個很好的機器。我的直覺知道，不拚命就會沒命（在這個情況，唯一的選擇就是戰鬥才能逃跑），我身體的每一個系統通力合作，讓我奮力逃離慘死的結局。為了活下去，我必須耗盡本能的所有能量。事後我感覺像跑了幾趟馬拉松，好好休息了一晚，才感覺回到原本的自己。

那次的經驗非常震撼，但我可以告訴你，我有一些強烈焦慮、恐慌的患者，對我說他們有過幾乎**相同**的反應，而且他們可沒有踩進流沙！會這樣的原因其實很簡單：焦慮不會分辨你是遇到想像的危險還是真正的危險。如果你覺得被國稅局查稅就是世界末日，你的身體也會以唯一知道的辦法回應，戰鬥或逃跑，不拚命就沒命。只要有不安全感引發的扭曲想法，你的腎上腺就會將壓力荷爾蒙打入你的血管。焦慮一旦開始，就會排山倒海而來。

自然的焦慮，有害的焦慮

我比照憂鬱的分類法，也將焦慮分為兩大類：有害的焦慮與自然的焦慮。薩爾的恐慌顯然就是一種有害的焦慮。**有害的焦慮**是由不安全感引起，總是過度反應、誇大且揮之不去，用意是以劇烈的心理波動（煩惱、糾結、執著等）控制人生。

自然的焦慮與有害的焦慮不同，是正常的、恰當的，沒有過度誇大，而且過一段時間就會結束。就像憂鬱一樣，自然的焦慮同樣是人生難免會有的插曲。幾年前，妻子與我為了準備她要動的手術所經歷的一切，就是很好的例子。那時我們擔心一大堆事情，麻醉、手術的結果、物理治療等等，但最後（在我妻子的堅持之下），我們決定信任上帝與外科醫生，主動選擇放下擔憂，並盡力做到這點。但我記得在此之前，我有幾個晚上夜不成眠、鑽牛角尖、頭痛、擔心，難以聚精會神工作，沒錯，這些全都是焦慮的症狀，但全都是自然的焦慮（是合理的擔憂，沒有誇大，而且過一段時間就會結束）。

雖然說自然的焦慮是人生難免會有的插曲，但是不代表你就得束手無策。透過自我對話，你就能明白什麼時候真的是受夠了，又該如何放下。即便是自然的焦慮，我們又何必承擔無謂的痛苦？

負面模式

自我對話不但能對付短暫的自然焦慮，更是對抗有害焦慮不可或缺的利器！我們來看看幾種最常見的有害焦慮。

廣泛性焦慮症

廣泛性焦慮症（General Anxiety Disorder, GAD）的常見症狀如下：

- 過度擔憂與焦慮
- 坐立難安、神經緊繃
- 疲倦
- 注意力不集中或健忘
- 大多數時間感到急躁、暴躁、煩躁
- 肌肉緊繃
- 睡眠問題（難以入睡、睡眠短暫，或是醒來後仍感到疲累）

廣泛性焦慮症的患者對任何事情、無分大小，全都能拿來擔心。他們總是覺得生活失衡、失控，一再憂思如何拿回人生主導權，不想讓自己顯得脆弱。問題是，煩惱不會減少脆弱，反而會讓自己更焦慮，也因此更覺得脆弱，這就開啟了如下所示的惡性循環。

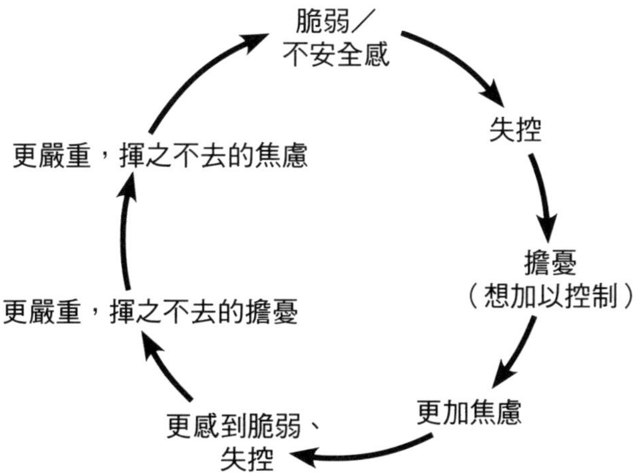

恐慌發作

恐慌發作的常見症狀如下：心悸、盜汗、發抖、呼吸短促、胸痛或不適、噁心、頭暈或昏厥、害怕失控、害怕自己會死、麻木或刺痛、發冷或熱潮紅……

恐慌發作的人偶爾會出現嚴重的身體不適症狀，腦中也會浮現大禍將至的想法。恐慌通常是突然降臨，因此而讓人感到極度困惑與無助。一個人經歷恐慌發作，可能會留下嚴重創傷，害怕日後再度發作。

恐慌通常會分成兩階段發作：一、**預期**階段，焦慮不斷上升，不安全感逐漸攻占所有的念頭。二、**戰鬥或逃跑**的身體反應階段。恐慌的經驗太強烈，讓人迷惘，因此很多人表示感覺很瘋狂或失控。

強迫症

強迫症（Obsessive Compulsive Disorder, OCD）共有兩個部分：一種是一再出現、揮之不去、闖入內心的想法，導致焦慮上升。另一種則是，為了重拾控制感，覺得必須一再重複的想法與行為。

強迫症患者飽受反覆的、誇大的憂慮折磨。大多數人想到「我關爐子的火了嗎？」只會一時擔憂，但對於強迫症患者來說才沒那麼簡單，他們受到強迫症影響，會一再鑽牛角尖，還會異常執著，我設定了鬧鐘沒有？好像有，但我也不記得了。有嗎？我不確定。我記得我到房間去，好像有設，又好像沒有。

強迫症是由不安全感引起的，沒有能力信任自己，也不相信自己的行為和想法。既然無法信任自己，那就不可能信任自己的記憶。之所以會焦慮，是因為始終不覺得安全（能控制）。

強迫行為的目的，是想降低執著引起的焦慮。以上述「我設好鬧鐘了沒有？」為例，腦中一想到這個問題，接下來的行動就是確認鬧鐘究竟設定好了沒有，然而，不是確認之後就全部結束。強迫症患者內心有一種根深柢固的不信任，所以會再度懷疑自己：「我真的設好了嗎？」也會再次確認是否設好鬧鐘，不是確認一次，也不是確認兩次，而是有可能會確認無數次，然後才能放下這件事。強迫症患者透過強迫行為能降低焦慮，但不太能得到滿足，幾乎是一點也得不到。

強迫行為與迷信行為很接近。兩者都是想掌控某些行為，讓自己更有控制感（像是敲木頭、不踩裂縫等等）。強迫症的儀式其實正是一種迷信的行為，是想控制命運，藉此消滅不安全感。我有一位十七歲的強迫症患者，才剛開始開車上路，她對我說：「我在上車前，只要敲車子門把六次就不會出車禍。我也想戒掉這個蠢動作，但我有一次沒這樣做，開車的時候就焦慮到不行。我只能停車，下車，乖乖去碰門把六次！」

強迫行為有個常見的特色，就是必須重複一個行為固定的次數（敲門三次再進門、安全帶扣上再解開五次後才開車等等），久而久之，一套極為嚴苛的流程可能會逐漸形成，而且伴隨著非常僵化的要求。

強迫症患者不是發瘋，他們也知道自己的強迫行為很愚蠢，甚至是荒唐，但藉由這個表面上可以控制命運的儀式，能夠緩解他們的焦慮，所以他們會一再強化。

社交焦慮症與恐懼症

社交焦慮症與恐懼症的特色是一種難以擺脫、過度且不合理的恐懼，通常與預期某個特定的物體、情境或經驗有關。

有些人會因為遇到某些情況而焦慮、恐慌，害怕橋梁、隧道、公開說話、電梯和飛行都是一種恐懼反應。社交焦慮症與恐懼症基本上是被過去某段經驗勾起焦慮與恐慌發作。任何充滿不安全感的經驗（比如「我在這個電梯裡無法呼吸」），都有可能成為引發往後焦慮與恐慌的導火線。過度的恐懼與焦慮，通常會引發迴避反應（稱為恐懼性迴避），耗盡一切力量迴避任何會引發這種強烈的、讓人衰弱的反應的情境。社交恐懼症的恐懼與社交有關，例如害怕不被認同、害怕公開說話、害怕公共廁所，遇到這些就會覺得大難臨頭。

物理治療與藥物治療的考量

焦慮多半是一種情緒上的障礙，但還是務必先確認是否由疾病引起。腎上腺或甲狀腺疾病、心臟疾病、呼吸道疾病和低血糖症，都有可能引發焦慮。如果你的人生一切順利，找不到壓力來源，也沒有煩惱的事，仍是覺得身體可能出問題，請安排詳細的健康檢查。

另外也要記得，許多處方藥和非處方藥（尤其是鼻腔噴劑和減重用的興奮劑）以及其他化學物質（咖啡因、禁藥等等）也有可能導致焦慮。要與你的醫生確認，你現在服用的處方藥是否會引發焦慮。

至於你是否需要抗焦慮藥物，則是要仔細評估你的日常運作才能決定。如果你的焦慮與恐慌已經嚴重影響你工作、與人相處、放鬆的能力，最好還是研究是否藥物治療的可行性。不要一個人辛苦評估，若有疑問，任何一位專業心理衛生人員，都能替你評估藥物治療是否為恰當的選擇。

很多藥物都能治療焦慮，而且不同的藥物適用的焦慮類型也不同。苯二氮平類藥物、乙型阻斷劑、三環抗憂鬱劑、單胺氧化酶抑制劑、選擇性血清素再吸收抑制劑、溫和鎮靜劑和抗癲癇藥物，都證實能有效治療焦慮。就像抗憂鬱藥物那樣，記住，只服藥的效果遠不如藥物搭配治療計畫。

無論你是因為讓你衰弱的強烈恐慌發作而接受諮詢，或因為廣泛性焦慮症而服藥，還是純粹想知道如何對抗日常生活的自然焦慮，自我對話都能大幅緩解由不安全感引起的預期性的焦慮，而這正是各類焦慮症的根源。

練習建議

回顧這一章介紹的焦慮症狀，說出你在日常生活中有哪幾種類似難題。列出你所有的焦慮症狀，包括有害的焦慮和自然的焦慮，把這份清單留下供日後參考。在練習期間，你應該偶爾（大約每月一次）更新這份清單，了解你進步的程度。

用類似下列的簡單圖表記錄你的症狀，目標是要消滅所有的「有害焦慮」症狀。你的「自然焦慮」欄位總會有少少幾項症狀，這是正常的。但你終究要了解，自己是否受到某些類型的焦慮影響。熟悉這些類型，就知道到了什麼時候算是「受夠了」！

自然的焦慮	有害的焦慮
• 對於要拔智齒感到有點焦慮	• 非常恐懼與異性說話
• 有名男子走向你的車子要錢時會很緊張	• 塞車的時候會心悸、出汗、恐慌
• 擔心你愛的人生病的情況	• 無法入睡，擔心自己不會成功

06

控制敏感型人格

為了不影響你的想法，我們先從下列簡短的自我檢測開始：

是　否　我有點強迫傾向。

是　否　事情不順利我會很煩躁。

是　否　局面越混亂，我就越焦慮、緊張。

是　否　我操心太多。

是　否　有人說我的想法非黑即白。

是　否　我的腦子轉個不停，一直在籌畫、思考、反覆思量等等。

是　否　信任對我來說很困難。

是　否　我很多疑。

是　否　我喜歡事情照我想的完成。

是　否　我沒辦法拒絕別人。

是　否　我常常趕不上時間。

是　否　我喜歡當開車的人。

是　否　我通常很固執和缺乏彈性。

是　否　我是個做事的人。

是　否　會極盡所能避免衝突。

是　否　我常常太敏感。

是　否　我喜歡在爭執中下最後定論。

是　否　我做任何事總有個理由或藉口。

是　否　我覺得我擅長表達更甚於傾聽。

是　否　對於別人犯錯很不耐煩。

是　否　我總覺得自己是對的。

是　否　我太脆弱了。

計算你有多少個「是」。若有十個以下，就代表你不會過度控制敏感，運用自我對話，就能培養更高的自我信任與自發性。

若是十一至十六個，代表你是中度的控制敏感，對你來說，控制限制了你的生活。自我對話能大幅提升你整體的身心狀態，還有你的個人安全感。

如果高於十七個，就代表你對控制特別敏感，你為了追求控制，生活已經大受影響。自我對話的訓練可以改變你的觀點，你需要的不是更多控制，而是更多自我信任。

當控制失控的時候

大多數人都喜歡事情盡在掌控的感覺，想掌控生活是正常也是健康的，避免受傷、預判危險、因應惡劣的天氣穿衣服，或是學會與其他人相處融洽，都是一種健康的掌控。從演化的角度看，這種想要掌控的欲望，很顯然與適應能力有關，若是失控，尤其是在遠古時期失控，絕對會對個人、家庭或部落不利，想生存就不能太脆弱。在冰河時代想要掌控局面是很合理的，現在依然如此，我們人類就是很討厭失控的感覺。

希望自己的生活沒那麼危險、沒那麼失控，當然沒有問題。然而你的信任肌肉若是萎縮，就會受到不安全感、疑慮、懷疑、恐懼的影響，明明置身在安全的地方，還是覺得危險，只看見會出問題的地方，或是認為自己注定失敗。在這種情況，控制的需求就會從健康的欲望（我希望瑪麗喜歡我），變為強迫性的執念（瑪麗一定要喜歡我！）。

每個人對於失控的敏感程度，會隨自我信任的高低有所不同。會有兩種極端，一種極端是不但對於失控不敏感，還渾然不覺。還記得第三章吉姆的故事嗎？他因為工傷意外而失去一隻手，卻不覺得自己少了一隻手，這或許就是最不敏感的極致表現。

假設你跟吉姆的想法不同，你飽受焦慮、憂鬱折磨，那你就是我所謂的**控制敏感**。簡言之，控制敏感的人遇到任何失控的狀況，或是自認為失控，都會出現焦慮或憂鬱的狀況（亦即恐懼、憂慮、擔憂等）。這種敏感可以是後天習得，也可能是你天性的一部分，也就是你的潛在傾向。

所謂心理潛在傾向，是天生就傾向會有某些反應或行為。在幼兒園裡，可以觀察到小朋友各式各樣的心理傾向：領導、跟隨、愛說話、愛思考、內向、外向、愛哭、愛生氣，這些天性都會塑造每個孩子成年後的人格。例如，父母若有恐慌症，子女焦慮的機率就會增加七倍，他們先天就較容易焦慮，所以很容易缺乏安全感，也很容易憂鬱，潛在傾向是焦慮的。意思並不是說後天習得的影響不大，比如焦慮的父母由於擔憂與控制的行為，確實會在子女心中種下焦慮的根源，但即使在手足與父母分開撫養的家庭中，我們仍能觀察到某些遺傳自父母的傾向。

父母若是曾罹患嚴重憂鬱症，子女罹患憂鬱症的機率就會增加一．五至三倍。但即使沒有焦慮和憂鬱的潛在傾向，也還是有可能發展出控制敏感人格，充滿壓力的生活環境，尤其是失落、慢性疼痛或長期鬥爭，都會引發控制敏感反應。潛在傾向並不足以導致焦慮與憂鬱，也不足以形成控制敏感的人格特質，只要不安全感累積到一定程度，任何人都有可能發展出這些狀況。

不過無論焦慮與憂鬱的起因是什麼，都可以在萌芽之前就喊停，制止那些在**你允許**之下肆意入侵你腦袋的不安全感念頭。要記住，無論是逆境、失落，甚至是心理的先天傾向，都不見得是終身無解的命運判決，只是會讓你傾向做出某些行為而已。也許你並不知道，但你其實可以決定要不要讓不安全感持續升溫。無論是先天傾向、後天習得的反射性思考習慣，還是人生棘手的難關，你總有選擇。看下去就知道了。

> **”遺傳傾向並非無法改變的命運判決，只是一種可能表現出某些行為的傾向。“**

以下列出某些常見的控制策略，雖然尚不完整，不過已經足以讓你見識到控制策略的種類有多少。上方列出的傾向一般來說與焦慮比較相關，下方列出的傾向則與憂鬱較為有關。接下來的幾章會細細說明，這些行為傾向（以及其他類似的傾向）原本是想幫助你掌控情況，卻反而讓你感覺更失控。

- 擔憂、糾結——輕率、不在乎，不在意生活的狀況
- 死板、固執己見——猶豫不決、過度猜疑
- 過度投入——逃避生活的各種狀況
- 社會疏離——過度依賴
- 過度儉省——過度支出
- 完美主義——馬馬虎虎
- 工作狂——懶散
- 缺乏情感——情緒泛濫
- 野心過大——消極冷漠
- 過度冒險——過度恐懼
- 傲慢——自卑
- 缺乏信任——盲目信任

讓人精疲力盡的生活方式

不夠相信自己，你就會想以控制對抗不安全感，最後活在痛苦中。你不再過著隨心所欲的生活，而是滿腦子都是「萬一我失業怎麼辦」、「我就知道他不會喜歡我」、「我永遠不會成功的」、「我幹嘛還要活下去？」之類的想法。你的思考不再清晰，而是陷入一個昏暗的，被不安全感曲解、遮蔽的世界。

如果你希望感覺自己強大無敵，那你大概會想避開人生路上的每一個坑洞，但你一心只想著避開坑洞，卻忽略了十字路口的停車標誌，也就不意外了。記得我第一次治療患者時還在實習，心情很緊張。我是在不拘禮節的加州工作，卻穿三件式藍色西裝、白上衣、打上嚴肅的領帶，我踏進諮商室，感覺自己非常的「心理師」。療程很順利，一小時結束後，我覺得很得意，起身送患者出門，赫然注意到深藍色褲子當中夾雜著一道白，我褲子拉鍊沒拉！就這樣完成了第一次治療。還說什麼控制！

想控制需要努力，需要維持，也需要時時警覺，這樣活著超累，為什麼還要這樣？兩個原因，第一，不夠相信自己，認為需要各種控制策略，否則無力克服人生的難關。第二，對控制敏感的人，會試圖消除或至少降低尷尬、失敗、被拒絕的風險，這樣他們就會覺得主掌人生的是自己而不是命運。這種掌控命運、避開生活焦慮的想法使人飄飄然，也很容易養成習慣，陷入一個不斷循環的信念，覺得只要再多一點點控制，最終就能得救，然後就想控制越來越多。

讓我分享我的好朋友查理的故事，他相信未來是可以控制的。

查理在卡茨基爾山（Catskills）一帶擁有一家餐廳，生意很好。他家就在餐廳樓上，他跟家人都住在那裡。查理掌握著事業的各方面，應該說他堅持要控制一切。除雪機凌晨四點開始清除停車場的積雪，查理就在現場指揮除雪機司機；水管出問題，查理會在現場指揮眾人妥善處理。查理經營事業不容許有任何意外。

幾年前，我跟他去度假，我們一起走在海灘上，我問他，這樣強迫自己的生活會不會覺得很累？他說：「我一定要這樣才會覺得未來能穩定，我覺得我是在降低風險。」查理認為，餐廳的每件事只要他都親自照管，徹底排除各種風險發生的可能，就能確保（控制）自己的成功人生和快樂的退休生活。

查理那天在海灘散步的時候，接到兄弟打來的電話，餐廳還有查理的家全都不幸付之一炬，唯有煙囪依然佇立。查理失去了一切。

不難想像，查理受到如此打擊，過了好長一陣子狀態才恢復。你現在跟查理說話，他會立刻告訴你，控制一切沒有這麼神奇。他曾經以為自己能控制命運，後來發現命運不是能控制的，而是得到的。

❝解決焦慮、憂鬱的重點不在加強控制，而是培養信任感，相信自己能面對人生的挑戰。❞

要避開的陷阱

你要是覺得控制很重要，非控制不可，就特別容易陷入某些陷阱——思考陷阱。若是沒有足夠的意識，這些陷阱很快就會演變成習慣，釀成人生的難題。了解這些陷阱，可以提醒你在自我對話的練習時注意危險。

留意以下常見的陷阱，訓練自己對這些非常普遍的陷阱更敏感、更理解：

「應該」

「我應該當個更好的女兒。」「我應該更成功。」「我應該更聰明。」「我應該減十公斤。」這些「應該」的陳述會引起你的內疚感、失敗感，你貶低自己的身分與作為，就會衍生出焦慮與憂鬱。也許你確實能提升自己，但你告訴自己「應該」有所提升，等於是向自己傳送一個負面訊息：現在的你不夠好，一定要這樣做，那樣做，才會夠好。

另一種比較健康的作法是不說「應該」，改說正面的話，例如「要是能多關心媽媽就更好了。」「我希望能更成功。」「我希望能更聰明，也許我該去上那個夜校課程。」「我還是去健身房，不要再吃那些速食了。」這些說法是以你的本質為出發點，有益於現在的你成長、進步，並不會否定真正的你。

「萬一」

另一個不安全感的陷阱是「萬一」。「萬一他問我的意見怎麼辦？」「萬一我拿不到這份工作怎麼辦？」「萬一我太投入怎麼辦？」所謂「萬一」，就是擔心還沒發生的問題，因為你認為要是事前知道會發生什麼，就能打起精神，做好相應的準備。

那麼預先考慮到危險有什麼壞處呢？如果你思考的只是幾種解決問題的好辦法，就沒有壞處，問題是「萬一」很快會失控，從一個「萬一」跳到另一個。每一種可能的解決方案，都會帶給你另一場危機。結果你一直活在擔憂之中，演變成慢性焦慮，慢性焦慮最終會耗盡你的心力，而這種消耗就是焦慮與憂鬱常常同時出現的原因。

對人生更好的回應，是自然、不加修飾、未經排練的直覺反應。常常思考「萬一」，是因為不信任自己，比較健康的作法是要明白，「萬一」的想法會損害你的自信，因為「萬一」讓你堅信，唯有事先預測未來會發生的事情，才能安全（亦即能控制）。自我對話會告訴你不必擔憂也不必去想萬一，只要勇於相信自己能應對生活，就能安全。

狹隘視野

焦慮與憂鬱會讓我們能感知的範圍變得狹窄，看不見狀況的全貌，只能看見某些層面。例如憂鬱的人可能只看到自己的缺點，看不見優點，「我就是一個脾氣暴躁的老頭。」「我做什麼都做不對。」這些都是視野狹隘才會有的想法。這些想法雖有點道理，卻也是嚴重的誇大，會讓你失衡，感覺失控。

比較健康的作法，是了解生活很少局限於一種觀點、一種選擇、一種解決方案，需要練習才能有更廣闊的視野。去人格化（depersonalization，編按：暫時抽離自我，用旁觀者的角度）是個很實用的工具，能讓你看見狹隘視野之外的東西。想一想別人（一個你認為觀點比較健康的人）遇到你的情況，會有什麼樣的反應，就能體驗截然不同的觀點。重點是要推測某某人遇到狀況會有什麼樣的反應，而不是你認為他們會如何反應。

腦補別人內心

「我知道她討厭我。」「他是因為不在意我的感受，才會這樣做。」「別人都覺得我很無趣。」腦補別人內心是解讀他人的行為，**好像**你知道他們在想什麼，你努力隨時都在戒備狀態，以消除脆弱感。

等到你發現錯誤解讀自己的想法有多容易，就會知道看穿別人的心思純屬天方夜譚。那你為什麼還這麼做？兩個原因：第一，因為你習慣負面思考，所以認為自己生活在充滿敵意的世界，需要一切優勢才能繼續掌控。第二，你預先考慮到有可能發生的最壞情況，就會覺得自己做好了準備，從而達到控制。

比較健康的作法，是堅持相信客觀的事實。要將問題問出來，不要胡亂猜想，無論再怎麼想知道別人心裡在想什麼，除非你主動開口問，否則不可能知道。要知道，腦補別人內心只不過是你的不安全感的投射，除非你願意詢問別人真正的想法，否則你必須告訴自己：「不可以做負面假設！」

「必須」

「我今天必須做完這些事。」「我必須成功達標。」「我別無選擇，必須買到那件外套。」「必須」是容易焦慮的人最常使用的陷阱，也是所有強迫行為的基礎，雖然強迫行為是由焦慮引起，但這樣的生活很快就會引發憂鬱。「必須」與狹隘視野類似，同樣都是感知的範圍變得狹窄，只剩下你覺得非做不可的事。狹隘視野讓你能感知到的選擇變少，「必須」的想法則是消滅了所有選擇，你認為你別無選擇，除非達成目標，否則無法脫離痛苦。

強迫性的消費、清潔、工作，甚至性行為，背後的原因可能都是「必須」的想法不斷拖著你來閃避焦慮。你對自己說：「我只要做到什麼什麼，就會沒事了。」問題是「必須」是謊言，一個目標還沒真正實現便很快不見，我們又被趕去追逐下一個目標。「必須」會大大削弱甚至徹底抹滅生活中的喜悅與樂趣，「必須」做的事情是很辛苦的。

比較健康的作法，是了解「必須」其實是一種企圖控制、支配危險世界的拙劣舉動。我們不去理解也沒有解決內在的不安全感，而是將不安全感轉向外界，以為只要做到這個或完成那個，就能換來安心，然而，安全感並非由外向內，而是必須從內在流露出去。

非黑即白的思維

「我永遠不會快樂。」「人生永遠都是灰暗的。」「我永遠不會有安全感。」非黑即白思維是衝動的思考。你在憂鬱、焦慮的時候會沒有耐性，看事情只會看見好與壞、正面或負面、永遠或永不，就這麼簡單，用非黑即白的二元對立思考，就不必忍受模稜兩可。

問題在於人生並不是非黑即白，排除生命中的灰色地帶，就等於排除了許多可能性。沒有安全感的人，在意自己能控制一切更甚於正確行事，即使想法是負面的，至少也解決了問題：「我就是個失敗的人，就這麼簡單。」

比較健康的作法，是學會容忍人生中的模稜兩可。衝動之下做出的決策要是不正確，只會製造更多問題，只要能換個更客觀的想法，明白人生很少是非黑即白的，就會發現，焦慮不能控制你的想法。不要再把腦中所想當成事實，要堅持對自己更誠實。大多數的衝動之舉只是習慣使然，只要改掉反射性回應的習慣，深呼吸，你也許會發現，你擁有的選擇超乎你想像。

人身攻擊

「我是笨蛋。」「我很沒用。」「我太高（太矮、太胖、太瘦）。」這些都是人身攻擊。人身攻擊只不過是一種花招罷了，你嚴厲責怪自己，就可以放棄努力，你說自己白痴、沒用、魯蛇、蠢貨，就是為自己的缺點找藉口，乾脆認輸算了。焦慮與憂鬱就像非黑即白的思維，會讓你急於解決爭端，因為你覺得自己再也受不了了。

一如非黑即白思維，你也必須了解辱罵自己行為背後的衝動習慣。比較健康的作法，是態度堅定地告訴自己，不可以隨便羞辱自己，你就是不能容許這種行為！人身攻擊只是一種避免焦慮的花招，所以不要讓自己上當！人身攻擊會進一步侵蝕自信，讓你的生活更痛苦，這是雙輸的作法，不要再羞辱自己，這樣做不值得。

控制敏感的人一旦生活品質下降到一個程度，即便只是車子爆胎或帳單沒付，都會造成痛苦、恐慌、絕望，他們對自己非常嚴苛。控制的手段一再失敗，擔心與憂鬱不斷消耗你的心力，一個無可逃避的真理就會開始浮現：控制是一種假象。人生是無法控制的，焦慮與憂鬱控制人生的能力，就跟你對抗重力的能力差不多，你永遠不可能在空中飄浮，同樣的道理，擔憂與逃避終究也解決不了任何問題。想控制人生，就跟想對抗心靈的重力一樣無用。

> **“控制只是一種安全的假象。”**

他只想要有安全感

在輔導中心的第一次診療，亨利對我說他要去搶銀行。荒謬的是他想要的不是錢，而是被逮捕！亨利自從成年，大半歲月都在監獄度過，如今獲得假釋的他，在嚴重憂鬱與恐慌中苦苦掙扎。他無力應付監獄之外的生活，離開了監獄，他就必須做決定，例如在哪裡吃、何時吃、吃什麼、每天晚上要做些什麼、什麼時候睡覺、什麼時候醒來。這些決定對你我來說習以為常，對亨利卻不是。

在聯邦監獄服刑的三十三年中，亨利已經放棄控制自己人生的權利，變得缺乏自理能力，生活的每個階段都要符合監獄規定，完全不需要自己思考。亨利變成一個孩子，監獄是他的父母，他在監獄覺得安全，能控制自己的生活。出了監獄，又沒有人脈資源，他覺得自己很危險，人生很失控。我遇見他的時候，他滿腦子只有一件事：他想回去。

有一天，亨利就這樣消失了。他沒在約定的診療時間出現，我去他的房間查看，不見人影，更生人輔導中心的人都不知道出了什麼事，至少沒人想透露。亨利與我只進行過幾次治療，根本沒有時間互相認識，他再也沒與我聯絡。

我猜想亨利現在在服刑。聖地牙哥的某個地方，或許會有一位銀行行員被一個衣衫襤褸、揮動著藏在外套裡的手指說要搶劫的男子嚇到，銀行經理大概到現在還不知道，那位搶匪離去後為何慢悠悠走在街上，但至少歹徒已經落網。

而在某一間聯邦監獄，亨利總算可以安心，他的每一天從六點十五分開始，吃早餐，在洗衣房工作，只有午餐時間才能停下來，然後吃晚餐，看一點電視，晚上十一點會有人幫他熄燈。他完全不用思考，很容易入睡。

不要跟亨利一樣。

失控的感覺是相對的

失控是一種相對的感覺。青春痘對一個十幾歲的年輕人來說可能是小事，對另一人來說卻可能是世界末日。以下是大家覺得失控的一些常見的日常經驗：

被塞車困住、忘記別人的名字、遲到或忘記約會、在一群人面前演說或表演、生病、無法弄清楚某件事、尷尬或受辱、不會處理衝突、迷路、錢不夠用、考試不及格、拒絕某人某事、承認犯錯……

那麼你呢？你也受到控制的危害嗎？被焦慮、憂鬱的想法和恐懼荼毒？也許你就像亨利，不知道控制對你的人生的影響有多嚴重。也許你偶爾覺得有點焦慮，有時會憂鬱、痛苦、無力，始終不知道罪魁禍首是不信任自己，這種不信任感對失控的恐懼顯得很神經質。無論你的痛苦是長期的還是偶發的，只要你知道根源，就會發現你其實有選擇，不要執著於以控制尋求保護，就能選擇重拾自然、討喜、有活力的生活。

你的不安全感只不過是一個存在已久的習慣。想改掉任何習慣（一如抽菸或咬指甲），學會過有安全感的生活，不再有焦慮與憂鬱，首先就要戒除有害的反射式思維，以成熟、健康、客觀（這點猶為重要）、以事實為基礎的思考取而代之，訓練和練習會為你做好準備。要不斷告訴自己，焦慮與憂鬱只不過是壞習慣，並不像你從前以為的那樣可怕、難懂。

練習建議

不久之後，你就會開始書寫正式的訓練日誌，所以現在最好開始練習將與你的自我對話訓練相關的重要資訊，一一記錄下來。

首先要記錄你感到失控的經歷。想想有哪些經歷讓你覺得焦慮、憂鬱，即使不確定，也可以寫下來，就算只是推測也沒有關係。參考下面的例子：

失控經歷	**反應**
早上九點四十分 開車上班，塞在高速公路上	非常生氣、無力，坐立不安又緊張，開始捶方向盤。
下午三點　老闆叫我重寫報告	感覺嚴重恐慌，我搞砸了！老闆不會容忍我太久。我該怎麼辦？
晚間七點　親戚打電話來借錢	想拒絕卻說不出口。感覺被占便宜，失控又恐慌。我真的沒有錢可以借！

思考的陷阱

可以依照下列範本，將你發覺的思考陷阱記錄下來，很快就會發現你的思路有明確的偏好。如果你願意，也可以把你寫下的內容拿給另一半看，他們對你寫出的思考陷阱，也許有一些很有用的看法。問問看，說不定會得到寶貴的建議！

思考陷阱	事件與例子
「應該」	
「萬一」	
狹隘視野	
腦補別人內心	
「必須」	
非黑即白的思維	
人身攻擊	
各種個人的思考陷阱	

07

不安全感 vs. 相信自己

我想說一則古老的故事給你聽，聽完這個故事，你就會了解我的自我對話哲學的精髓。

從前有個修道院嚴格要求僧眾遵守靜默戒規，嚴格到僧眾每十年只能講兩個字。一位新來的僧侶在修道院待了十年，住持問他：「十年了，你要說的兩個字是什麼？」他答道：「床，硬。」又過了十年，再次到了新僧侶該說兩個字的時間，他滿臉不高興答道：「菜，臭。」三十年後，年事已高的住持再請他說兩個字，這一次他說：「我，走。」老住持說：「你會這麼說我也不意外，這三十年來你就只會埋怨！」

故事裡這位新僧侶做得對，他說了實話。唯一的問題是，他花了三十年才說實話！那你呢？你是否年復一年陷入永無止境的疑慮、消極和恐懼中？是不是應該別再焦慮，告別長年與你纏鬥的憂鬱症狀？是否是時候說「我要走了！我受夠了！」要做到這些，就像故事裡的僧侶一樣，只需要兩個詞。兩個詞就能解開謎底，讓你知道你為何受苦，只要兩個詞就能脫離憂鬱與焦慮的無限循環。

這兩個詞是**不安全感**和**控制欲**。前一章已經學到關於控制，這一章則聚焦在不安全感。

不安全感自我檢測

在接下來的幾章，你會發現焦慮與憂鬱的人生，總是由受到不安全感刺激的思考引起。反之亦然，你越是有安全感，人生就越不會被憂慮、疑慮、恐懼耗損。不安全感往往是隱約的，甚至是不知不覺的，所以要完成下列的不安全感自我檢測，評估你的不安全感指數。每一題的答案可以是大致「是」或大致「否」。

是　否　我遇到陌生人通常會害羞或不自在。

是　否　我寧願待在家裡也不願出門冒險。

是　否　我希望我能更聰明。

是　否　我總是覺得錢不夠。

是　否　我常常感到悲觀。

是　否　我常常希望自己的外型更好看。

是　否　我覺得我不如其他人。

是　否　別人要是了解真正的我，對我的看法就會有所不同。

是　否　在一段感情裡，我總是很黏人。
是　否　我通常不敢與其他人太親近。
是　否　我要是不這麼愛操心就會快樂多了。
是　否　我有很多恐懼。
是　否　我會隱藏自己的感受。
是　否　別人要是不講話，我就會以為他在生我的氣。
是　否　我常常想知道別人對我真正的看法。

看看有幾個「是」。若有一至五個，代表你的不安全感還在正常範圍，運用這本書的目的不為了修復問題，而是要讓自己更進化。六至十個代表中度的不安全感，已經影響你正常生活的能力，看完這本書，你對這個世界的看法與體驗都會大有改變。若有十一至十五個，代表不安全感已經嚴重影響你的生活，你的自我價值已經受損，顯然你需要重新調整想法。

不安全感＋控制欲＝危害組合

也許你發現自己有點過於追求完美，不想犯錯，太急於避開麻煩。有時候你擔心「萬一」，拚命想預測人生會給你怎樣的未來。也有的時候你會欺負另一半，堅持要去你選的地方度假。

這些都是我們在不安全感的支使之下做的事。

所有的兒童或多或少都會發展出一些不安全感，不安全感是人生免不了會產生的副產品。想想這個越來越複雜的世界，從小到大無數次摸索與犯錯，還有那些創傷、不幸的經驗，當然，還有天底下沒有完美父母的現實，難道不覺得不安全感確實是難免的嗎？

生活中的各種安全措施，從防盜警報器到空手道學校，再到金屬探測器、辣椒噴霧，看起來多麼理所當然。我們的文化反映出這種漸趨嚴重的不安，我們快要變成I世代，也就是不安全感（Insecurity）的世代。

"人生沒有絕對的安全和保障，所以不要再裝作有這回事！"

有一點不安全感不見得是壞事，這裡的重點是「一點」，這也是我們最早期的祖先選擇群居抵禦敵對世界的原因，無論這個敵對世界是真實的還是想像出來的。生活中，少許的不安全感可以發揮妙用，比如對體重略增或抽菸的健康風險感到焦慮，絕對有助於我們改善生活習慣。但不安全感若是不只一點，而是變得很多，那可就慘了。你不只是整天都在擔心減重或戒菸的事，還會糾結、憂鬱或焦慮，你甚至還會恐慌，因為每天醒著的時候，滿腦子都是消極與厭惡自己的念頭。

首先，你必須了解你的不安全感到底有多嚴重，才能夠知道究竟是什麼在顛覆你的生活。

下列循環圖的漸進過程反映出各種程度的不安全感，從正常，到焦慮，再到憂鬱。哪一句話最接近現下的你？

一個沒有安全感的人（還是要記住，沒有安全感是相對而言），會築起越來越高的牆保護自己，會一再堅稱，「再高一點點就好了，這樣我就絕對安全了。」你覺得彩券為什麼會掀起這麼大的熱潮？無數人每天早上走進彩券行，掏出一兩塊美元，說出幸運數字，拿著彩券走出店外，心裡想著，「說不定我今天就會中大獎，從此就再也不必擔心了。」

你要是認為可以從外而內消滅不安全感（找到更好的工作、賺更多錢、買下那台豪車、吸引到那個很特別的人），可就大錯特錯。很多沒有安全感的人也以為，自己的疑難雜症只要問對一個問題就能找到解答，總會有個人，任何一個人（多半是治療師）知道那個能讓他們解脫的密語

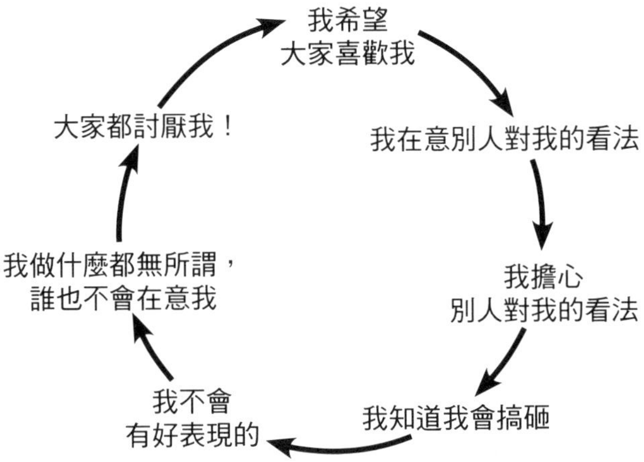

或洞見——唸個咒就行啦！一個人要是不信任自己，你就很難說服他相信自己。

四十歲的電腦程式設計師山姆一再求助心理師。他的妻子、朋友甚至子女都快被他搞瘋了，他不斷重複講述的就是：「我有沒有好轉？」「我是怎麼了？」「我需要就醫嗎？」他問得越多越放心，強迫行為就越嚴重。一開始聯繫我的是山姆的妻子，因為她與家人無法再忍受煩人的山姆。山姆要改掉向外尋求答案的無限循環，只要他能做到這點，再稍微努力一下，就找到他要的答案。答案一直都在，他只需要建立自信去信賴這個答案就行。

酒精與毒品

對於沒有安全感的人來說，酒精與毒品格外危險。想一想就知道原因，一個想太多、沒安全感、憂心忡忡的人，還有什麼比不必煩惱能讓他更快樂？那就是什麼都不必煩惱！啊，無憂無慮好輕鬆啊。毒品，尤其是酒精，會助長一種無憂無慮的態度，這種態度又被虛假的自信或虛假的信賴強化，認為掌控局面，遠不如追求快感、維持快感重要。如果你的生活陷入焦慮與憂鬱，就有可能沉淪在酒精或毒品中，有位戒酒會的朋友說酒精是「惡魔的甘露」。

我在一家戒酒中心實習的時候認識蘭迪。當年二十八歲的他是電器技師，後來失業而到戒酒中心。他清醒的時候非常沒有安全感，對生活充滿恐懼。但喝醉時，就有不一樣的看法：

我喝酒的時候什麼也不想，什麼都不重要，有酒喝就好。我有一陣子愛跟朋友混在一起，尤其是吸毒的時候，但後來我酒喝得越來越多，就只想要嗨，一個人嗨，有人在旁邊是一種干擾。喝酒跟社交無關了，唯一的重點就是喝醉，其他的都不重要。我說謊、偷竊、傷人都無所謂，只要能喝醉就好。我知道我幹了見不得人的事，但我一喝酒就什麼也不在乎。

我清醒的時候就是另外一回事。大約六個月前，我想戒酒，還去了幾次戒酒會的聚會。但我自視甚高，我覺得我跟那群酒鬼不一樣，我喝酒是可以節制的。對，我跟他們不一樣！我父親一直催我去上班，我有帳單要付，催收公司也打電話來……我實在受不了。情況越糟糕，我就越想喝酒，最近這幾個月，我都是醉醺醺的。幾星期前，我本來是在波士頓喝酒，醒來卻到了聖地牙哥！我都不知道我是怎麼來的，也不知道我都幹了些什麼。我只知道，我的照片可能就掛在郵局裡被通緝。我很害怕，真的很害怕。

蘭迪在開始酗酒之前已經很焦慮，唯恐被裁員，自信低落到想避開任何社交活動的地步。起初他發現大麻能緩解焦慮，讓他有信心踏入夜店，他習慣吸大麻，嗨了以後就到夜總會喝一整晚。他愛上那種把煩惱拋諸腦後的感覺，就像蛇蛻去一層皮一樣。他開始為夜晚而活，白天都在睡覺，晚上縱情狂歡。眼看積蓄即將耗盡，他戒掉大麻，專注在一杯烈酒加一杯啤酒。有一段短暫的時間，蘭迪覺得不可一世。他喜歡出門，喜歡聚會、女人、打撞球、認識新朋友，只要酒精與大麻不斷貨，他就不會感到痛苦。他沒有想到他喝得越多，酒精就越能控制他。

想解決人生的不安全感，也許最不能給出解答的，就是喝光的威士忌空瓶。毒品與酒精是很危險的，因為雖會帶你逃離你的痛苦，卻是一種麻醉的逃避。問題在於你必須一直維持快感，才能待在這個無憂無慮的超現實世界，你的人生變得越來越混亂，就越想要逃離。每一個成癮者最後都會發現，看似逃離了現實，實則被囚進了牢籠。

不安全感的循環

把信任自己當成肌肉，使用它，依靠它，它就會更強壯。但你若是因為不安全感作祟，覺得自己**沒辦法**應付生活的挑戰，你的信任肌肉就會開始萎縮。信任肌肉越軟弱，就越會依賴擔憂、完美主義或逃避等方式應付人生，引發疑慮、恐懼、消極的惡性循環（如下所示），最終形成焦慮與憂鬱。解決方案只有一個，你必須打破不安全感的惡性循環。

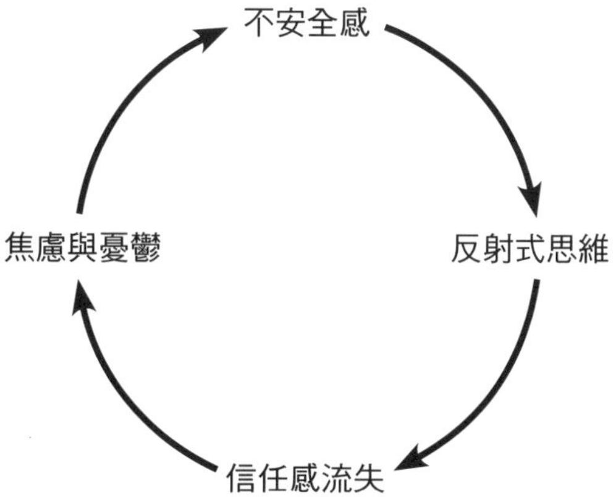

不安全感的惡性循環之所以能延續，是因為我所謂的反射式思維（Reflexive Thinking）。反射式思維其實就是受到不安全感影響的思考，久而久之變成自動發生的反射性想法。例如「沒辦法」三個字，我在治療患者的時候，聽到患者說「我**沒辦法**不憂心」或「我**沒辦法**快樂」，這都不是事實，你不是真的「沒辦法」，你只是相信自己沒辦法，而且你已經習慣想都不想就這麼相信，所以早就不會質疑這種想法。這就叫做反射式思維（更多反射式思維的完整討論可看下一章）。只要反射式思維主宰你的人生，你就成了人生旅途中一位被動的乘客，旅程將充滿坑洞、顛簸，偶爾還會崩潰。

你不去質疑反射式思維，任由它主宰你的人生，那你就是在找「免費的午餐」。酒精與毒品對年輕人很有吸引力，因為不需要付出努力，馬上就能得到慰藉，還能擁有無敵的假象。如果你飲酒過量，或使用非法藥物，那你就違背了你的自我對話練習的目標。一定要改掉！要是做不到，那就必須參加課程（最理想的莫過於戒酒會），至少也要請教專業心理衛生人員。

如果你真的想消滅焦慮與憂鬱，那就要認清明顯的現實：一隻腳向北走，一隻腳向南走，最後只能是白費力氣。自我對話是一種很強大的技巧，能搭配各種訓練計畫，也能搭配諮商，並且能引導你選擇並堅持一個方向，一條自己的人生道路。

”除了你自己，沒人能治癒你。你越快接受這一點，就會進步得越快。“

我想跟你分享一個案例，有位丈夫自以為他能避開不安全感：

五十幾歲的中年男子羅德，即將離開結婚二十五年的妻子，因為在他看來，「我終於找到快樂」。身為父親與丈夫，他始終盡心盡力，直到現在才知道自己有多不快樂。因為不安全感，大多數人都說他「文靜」、「內向」，認為他算是挺滿足的。就連他自己都不知道，他其實是坐在一個火藥桶上，裡面裝滿了壓抑受限的情緒。他總是想太多，動不動就憂慮、糾結，整天無精打采，日復一日拖著生活的步伐，試圖擺脫那緊咬不放的憂鬱與空虛。

在法院上班的羅德，注意到他的同事蓋兒，從此一切都不同了。羅德說：「感覺就像烏雲散盡，一道陽光照耀著我，溫暖了我，帶我走出黑暗。」羅德繼續說著，他今生第一次覺得擺脫了憂慮與疑慮。「我跟蓋兒在一起的時候感覺飄飄然，什麼煩惱都沒有。我很快樂，也變得很浪漫……像我這樣的人竟然會浪漫！我簡直不敢相信這是我。我徹底敞開心扉，坦白說，這種感覺真是太好了！」

羅德覺得這是一種沉醉，不是沉醉於酒精，而是沉醉於激情。陷入激情的人，整個人的化學作用都會不同，真的會有快感。沉浸其中的羅德，有了勇氣克服他的不安全感，還有長年猶豫不決的老毛病。他愛上了這種安全、自由，擺脫憂鬱與沒自信的束縛的感覺。蓋兒是讓他重獲自由的女神，至少他是這麼想的。

深陷激情的人，常會誤以為激情是真實的（而不是投射的情感），也是永恆的。羅德在跌跌撞撞後才明白，想消滅不安全感，不可能不勞而獲。他在一個週末突然離開妻子，搬入蓋兒的公寓，短暫的狂喜過後，不安全感開始襲來，一旦迷戀從天堂墜落，回到人間現實，很快就會失去原本的魅力。蓋兒不是羅德缺乏安全感的解答，而他的妻子也不是問題的根源。

隨著內心的不安日益加劇，羅德幾度經歷恐慌與憂鬱。有一次發作特別嚴重，當時蓋兒發現他昏迷不醒，手中還緊握著一瓶鎮定劑，緊急將他送進當地醫院。出院之後，羅德發現自己對蓋兒完全沒有感覺了，一點也沒有！這場迷戀來得突然，去得也突然，甚至只是與蓋兒一起待在公寓裡都會讓他受不了，「我看著她，心想：『我當初到底喜歡她什麼？』我真的完全想不透。」迷惘的羅德回到自己的家，懇求妻子原諒，妻子同意與他一起接受諮商，所以我才接到電話。

我們發現，羅德的這場戀情給了他自己都不知道他畢生渴求的東西，也就是一種自信、坦率、幸福的感覺。不幸的是，他與蓋兒的戀情只是他真正渴望的東西的仿製品。羅德明白（他的妻子也了解），羅德這麼容易就有了外遇，主要原因並不是蓋兒，而是他的情感被壓抑。羅德只希望能快樂，他長年的不安全感習慣，讓他不知道該怎麼做才會快樂。他很容易陷入激情，因為可以跳出平淡枯燥的生活。

現在清醒的羅德了解兩個道理：除了他自己，沒人應該也沒人能讓他擺脫不安全感，而且在他憂鬱的另一面，全新的人生正等著他開啟。我說明我的自我對話的訓練時，羅德全神貫注聽著。他現在知道，該喊停時就要喊停，他今生第一次做好準備，要正視自己憂鬱的事實。

我真的需要改變嗎？

問自己下列問題：

- 我的生活是否多半在疑慮、恐懼、消極中度過？
- 我是不是太想控制一切，而讓自己心力交瘁，還常常感到挫敗？
- 我是否注意到，更多的焦慮、絕望、苦悶甚至憂鬱，已經悄悄入侵我的生活？
- 我凡事都想掌控的態度，是不是讓自己顯得苛刻？
- 我的人際關係是否已出現惡化的跡象，變得緊張、易起爭執，甚至敵對？
- 我是否有享受的能力？我是不是總是心不在焉，被各種「萬一」干擾，所以無法享受？
- 我是不是在浪費生命，耗費在一堆糾結跟狂亂的舉動裡？
- 我是否因為不耐煩，所以很難（幾乎不可能）放鬆享樂？是不是要先喝幾杯才能放鬆？
- 我是不是任何事都堅持要照我的意思做，否則我就不接受？難以把事情託付給別人做？
- 我是不是很難相信自己能打理好生活？

如果任何一項符合你的情況，那你可能已經陷入不安全感的惡性循環。不必恐慌，死不了人的，這表示自我對話能成為你寶貴的工具。

自我對話就是解答

你所有的問題都是從不安全感開始和結束。倘若你的信任肌肉萎縮，不安全感讓你質疑自己處事的能力，結果就會產生第107頁的惡性循環。

你越有疑慮，就越想控制人生而不是信任人生，這麼做是因為你認為外面的世界很險惡，而你要予以因應。不幸的是，你越是屈服於控制欲和不安全感，就越可能耗盡能量，無可避免地引發焦慮、恐慌或憂鬱。

如果我能證明給你看，擔憂更多、想更完美或是逃避人生，並不能解決你的難題——反而才是問題本身；如果我能向你驗證，你以為自己不夠好、自認無力應對生活，其實是因為過去受了傷，才會有這種大錯特錯的想法；最重要的是，如果我能**讓你了解，你擁有真誠、自發的能力，讓你能夠積極正向回應人生，這一切會如何呢？**

想一想，一個宜人的夏夜，你坐在甲板上，有一隻饑腸轆轆的蚊子，打算在你的脖子大快朵頤，那會怎樣呢？你當然會舉起手拍下去，對吧？你想都不會想，就會直接做。

我在懷俄明州挖化石的時候，發現了一塊異特龍的脛骨。我全神貫注在乏味的挖掘工作，沒注意到有一隻三吋長的蠍子距離我的臉只有咫尺之遙。我從來不曾在野外與蠍子近距離接觸過，但是我立刻就認出蠍子，也在瞬間做出反應。我用刀子打掉那隻蠍子，讓牠連同一把沙子摔下懸崖。

在紐約大都會長大的我很難接觸到蠍子，但我們人類搞定事情（和蠍子）的能力其實很強，當然，不安全感和控制欲會搞砸整個運作系統。自我對話的訓練能告訴你，如何運用你與生俱來的天賦，讓一切重新順利運轉。

一個缺乏安全感的人，不會運用與生俱來的天賦克服人生考驗，而是完全依靠另一種資源：過度思考。然而，即便你的智力再強大，也不過是浩瀚能力之海中的一座小島而已，周遭海洋才是你自動擁有真正自我保護與生存的能力。美妙的是，你不需要了解這片大海，只要釋放它且信任它就行了。

練習建議

區分健康的掌控需求與不安全感引發的控制欲，是一件很重要的事。寫下你對控制的表達方式，會大大幫助你看清其中的差異。如果一時想不到例子，可以回頭參考本章開頭的不安全感自我檢測，還有第一章與第六章的內容，能幫你喚起可能經歷過的某些內心掙扎。

你可以參考以下例子為練習指引，但請記得，要真正掌握具體內容需要一些時間與練習，特別要留意其中是否有一種急切、強迫或僵化的特質，這會幫助你辨認哪些是由不安全感引發的表現（例如：強迫性的「我一定要」對比正常的「我想要」）。

控制的表達	正常的	不安全感引發的
‧我總是避免接觸細菌。	☐	☑
‧我喜歡取悅我丈夫。	☑	☐
‧我必須討好我朋友。	☐	☑
‧我完全無法忍受頭髮有一絲不順。	☐	☑
‧我一毛不拔。	☐	☑

為了更清楚地說明，讓我來示範前述表達其實可以徹底切換立場：

控制的表達	正常的	不安全感引發的
‧我不想被傳染細菌。	☑	☐
‧我總覺得我必須時時取悅我丈夫。	☐	☑
‧我喜歡讓朋友開心。	☑	☐
‧我喜歡頭髮看起來整齊好看。	☑	☐
‧我盡量避免浪費錢。	☑	☐

第三部

自我對話的完整方案和實行方法

08

準備開啟你的自我對話

當打者一個接一個上壘，投手開始陷入低迷，投手教練會怎麼做？會喊暫停，走上投手丘，安撫不安的投手，動用所有能動用的指導策略與工具。

投手如果是個很敏感、完美主義的年輕人，教練就會以客觀的角度安撫：「你很清楚你的實力不只這樣。你只是一時失去自信，沒問題的，只要穩下來，拿出平常的水準就好。你不是最厲害的嗎？」投手如果仍難以釋懷，教練就會拿出直截了當的嚴肅態度。「你知道問題出在哪裡嗎？就是你想太多了！不要再想東想西，投好球就是了。」教練必須知道如何讓選手集中精神。

就像陷入低潮只會餵球給對手打的投手，當不安全感糾纏時，看事情的角度很快就變得不客觀。「這太難了，」你說：「我做不到。那我現在該怎麼辦？我真的很失敗。」這時你需要喊個暫停，與教練商量。但等一下，你現在的身分既是選手也是教練，當你覺得失控的時候，該如何客觀以對？你可以運用自我對話。**自我對話是一種技巧，即使飽受不安全感與自我懷疑折磨，也能讓你與自己合作，**

甚至可以指導自己重拾健康，哪怕有一部分的你已經放棄。

你現在在想什麼？你意識到哪些想法？你能「聽見」這個內在的聲音嗎？當你說「我覺得我永遠不可能變好」，或「他到底為什麼會喜歡我，我明明這麼失敗」，你其實是在對自己說話，只是不是用嘴巴說，而是用心靈對自己說話。要滿足兩個條件，你的想法才會影響你的情緒：第一，你（或部分的你）**會聽**自己說話。第二，你要不全然接受你說的話為真，要不就是全盤否定。

一部分的你說，一部分的你聽。乍看之下好像很奇怪，但思考過後就會發現其實很明顯，我若對自己說：「我沒辦法減重，我就是太沒用。」然後發現自己陷入憂鬱，那顯然我聽見了也接受這個想法。我也可以**不聽**，堅持對自己說：「沒關係，我要更努力節食。」或「胡說，我現在這樣子很標準。」只要了解這個簡單的概念，亦即一**部分的你會說，另一部分的你可以選擇聽或不聽**，就會漸漸了解自我對話的精髓。

反射式思維以及你的內在小孩反應

仔細觀察你的「說話內容」，就會發現你大多數的想法，是對於生活的狀況做出的反應。「好，我今天要做什麼？」或「我需要增加運動量，我把慢跑鞋放到哪裡了？」其他想法也不淡定，而是充滿疑慮、恐懼、負面。我絕對熬不過這一天！或是我知道，我知道，我不能再擔心下去了，但我就是辦不到。想擺脫焦慮與憂鬱的糾纏，首先就要改掉不安全感引發的反射性思考。來看看我所謂的反射式思維是什麼，再來談如何改掉。

在生活中，反射行為可能有益也可能有害。大多數有益的反射，如綁鞋帶或撥打熟悉的電話號碼，不需要形式上的思考也能完成，你只需要極少的正規認知能力，就能自動做出反應，這種思考最貼切的名稱是**自動思考**（autothinking）。

還有另一種反射，我稱之為「**反射式思維**」（Reflexive Thinking）。反射式思維是另一種自動回應，但完全沒有效率，也完全無益，應該說完全有害才對。這種思考是以疑慮、恐懼、負面狠狠打擊你。反射式思維的根源在你成長初期種下，是一種深植內心，也比較像幼兒的思考習慣，是由不安全感所引發，是有害的。我把這種很像幼兒的反射式思維，稱為**內在小孩反應**（Child-Reflex）。

這裡談論到的內在聲音、不同部分的你、你的內在小孩反應，你看了可能覺得零零散散沒有條理。首先我想請你放心，擁有不同層面的有意識表達和認知，是正常也是健康的，可以將任何時候的意識當成從三十五毫米相機看到的景象，如果有手動對焦功能，只要轉動鏡頭，就可以將焦點對準你家狗狗，背景的花朵則變得模糊；反方向轉動鏡頭，你家狗狗就會變模糊，焦點對準的花朵則會變得清晰。換成你自己，有時候你的內在小孩反應很清晰，而你較為成熟的一面則是模糊的背景。相較之下，在你運用自我對話的時候，就能一直聚焦在健康的事物上，忽視不健康的東西。

想像一下，在你小時候有人一直跟著你，拍攝你的一舉一動。現在看看這些影片，你會發現你曾因為母親離去而恐慌，或是躺在床上的你聽見隔壁房間的父母在吵架而惶惶不安。或許還有一部影片，是你生悶氣，為自己抱屈，因為覺得沒人愛你。這些片段記錄了你重要的脆弱時刻，最終也塑造了如今成年的你。

無論你看影片多少次，影片上的孩子都不會改變，同樣的恐懼，同樣的恐慌，同樣的疑慮，這些片段永遠保存在影片中，也永遠印刻在你的心靈。除了童年時期的印記，還有錯誤概念、歪曲和草率的想法，最終形成你的不安全感習慣。

在高壓力的環境成長的孩子，歷經一連串嘗試錯誤的試驗，當然會運用一系列控制策略，好或多或少隔絕不安全感。有些孩子會藉由發怒、敵意，強迫容易被左右的父母就範。有些孩子則是處處力求表現，希望忙碌、無暇關心他的父母能給予肯定。這些孩童使用的策略，久而久之就會留存在你的心靈影片，永遠幼稚，也永遠是反射性的。

你任由內在小孩左右你的思考，就會嚐到苦果。為什麼呢？因為你的內在小孩對世界只有一種看法，就是陳年影片所記錄的那種草率、歪曲、過時的看法。自我對話會讓你明白什麼是內在小孩反應，但最重要的是，自我對話也會告訴你，如何擺脫總是用小孩的本能視角來看待世界的習慣，會教你如何關掉影片。

經過練習，你會漸漸注意到你的負面思考有多麼孩子氣。你的內在小孩反應就像你的外在性格，也有獨特的性格，而且會以許多不同的方式展現。任何一種個性都有許多特質，你的內在小孩的個性也是許多不同表達方式的綜合體，有時候你會聽見自己發牢騷：「沒人在乎我要什麼，沒人幫我，我為什麼要做得這麼累？」有時你會聽到一種未經修飾的怒吼：「不，我才不要屈服！」或是「好啊，叫我去你媽家可以啊，那我就全程不說話！」有時候你會聽見一個驚懼恐慌的孩子在說話：「我撐不下去了，我以後要怎麼辦，誰來救救我啊。」這個世界看見的是你獨一無二的外在性格，而你也需要了解你的另一個獨特性格——你的內在小孩反應所展現的內在性格。

”每個人都有過往累積的不安全感，會藉由內在小孩反應展現。“

我來告訴你珍娜的故事，你看了就會熟悉自我對話的基本功。珍娜是十八歲的高三生，她因為男朋友而感到焦慮，所以尋求治療：

麥可是個好人，我不知道我為什麼不信任他。我叫他每天晚上打電話給我，他以為是我想念他，其實我是想知道他在不在家。他這個夏天要參加他大學的足球營，我覺得我們的感情鐵定要出狀況了。他從來不曾劈腿，他也說他愛我，我知道我這樣想很蠢，但我覺得他要背叛我了。他從來沒做錯，是超好的男友，但我竟然就是沒辦法信任他，真的很扯。我都吃不下飯，一天到晚都在擔心，最近一點小事都會跟他吵架。

現在在說話的，是珍娜內心缺乏安全感、不信任別人的那部分，是她的內在小孩反應。她沒有對抗，甚至沒有反駁她的內在小孩的扭曲想法，而是毫不猶豫就接受。她的內在小孩在說話，她聽——然後她就焦慮。

自我對話是一種簡單的方法，能讓你學會三件事：

一、如何區分負面、不安全感的思維與正常、健康的思考。

二、如何遏止不安全感驅使的思考，**選擇**健康的思考。

三、如何鍛鍊你的信任肌肉。

以更客觀理性的思考，取代不安全感讓你無力行動的反射性思考，來建立你的自信與信任，真是既簡單又聰明。

”健康思考是一種選擇。“

你其實沒辦法靠言詞說服自己擺脫負面思考的習慣，而是用引導思緒的方式。你告訴自己：「我再也不必忍受這種折磨！」然而大多數時候，你的想法並沒有被引導，只是一連串意識模糊的反射性假想：「我要吃點東西……我真夠累的……我明天不想上班了……」

現在花點時間傾聽你內心說的話。也許你現在正坐著心想：「我不能一直看這本書，還得去打那通電話……」你內在的話語會發動，指揮行動，促發反應，也會生成感受。上述例子，你對自己說要去打電話，也許會引發輕微的焦慮，有點緊張、不安，沒有辦法像先前那樣專心閱讀。會有這種輕微的壓力，其實是源自你腦中那句無意識閃過的念頭：「我得去打那通電話。」這個念頭將你帶遠離平靜的閱讀，你不再活在當下，而是暫時活在抽象的未來時刻，想著要起身去打電話。

自我對話是引導式的對話，目的是讓想法脫離不安全感，堅持更為合宜的思考。除了少數例外，大多數思考沒有方向，只是些中性且漫無目的的念頭：「嗯，那個咖啡聞起來好香……」然而，由內在小孩反應所引發的未經導引的想法則有所不同，相信你一定知道陷入恐慌或壞心情是什麼感受，你未曾主動引導或選擇這種經驗（我要對那則評論生氣……），只是就這樣發生了。焦慮與憂鬱是你的內在小孩反應不受控時做出的反應，這些想法是自然而然就發生的。

活在當下 vs. 穿越時空

無論你是在看一本書、享受夕陽、聽音樂，還是在跟子女玩耍，若是因為被不安全感吞噬而放棄當下，就失去了放鬆與世界真正交流的機會，你不是活在當下，就是缺席此時此刻。例如焦慮傾向的人通常會活在對未來的恐懼中，很少活在當下，他們內心（未經導引的）反射話語也許是：「萬一我生病怎麼辦？那我就會丟了工作，我的工作都砸了，我一定會生病的……」憂鬱的人則是走不出過往的挫敗與被拒的經驗而抑鬱寡歡，他們也很少活在當下，內在的話語可能是：「我要是沒說那句話就好了。現在想這些有什麼用？彌補不了了，我完蛋了。」

諷刺的是，過去與未來其實並不存在。過去與未來只是大腦抽象思考的產物，當我們陷入這些抽象概念時，我們便開始穿越時空（回到過去，跳到未來）。我們當然有能力在心理上重新體驗過去（我幹嘛要那樣說？她都快氣死了），也有能力預測未來（他永遠不會讓我忘了這件事）。穿越時空雖然誘人，但當下才是唯一的現實。

> **”穿越時空是一種缺乏安全感的習慣，會讓你無法活在當下。“**

你若是感到焦慮或憂鬱，就代表你的生活已經偏離了當下。你飄浮在一個充滿憂慮、悔恨或預料的不確定時空中，你的生活之所以如此充滿掙扎，只是因為你不知道其實可以拒絕。自我對話的練習會幫助你扭轉一切。

> **”先有想法，才有感受、焦慮與憂鬱。“**

除了簡單的反射之外，都是先有想法，才有行動、反應，以及最重要的，感受。我們的想法是依據我們如何看待自己的世界，是從我們獨特的習得經驗所歸納出的結論，一個被忽視被虐待的孩子得出的結論，會與在愛與尊重中成長的孩子截然不同。例如一個相對而言比較有安全感的人，在治療過程中遇到沉默的時刻也能保持冷靜，心想，「這是個好機會，我可以不慌不忙地把內心的擔憂說出來。」一個焦慮的人遇到同樣的沉默，反應可能會大不相同：「他要我怎樣？他要我說什麼？我討厭這樣！」憂鬱的人遇到這種沉默的時刻，可能會覺得：「我不知道要說什麼。我連接受治療都不會！我真沒用。」

我知道我太擔心，可是……

不安全感、自信低落，以及恐懼，都會曲解現實。看看琳達的困境，她清楚展現了，我們有多容易陷入典型的內在小孩反應當中，扭曲了思維卻不自知。琳達是一個二十四歲的母親，與恐慌、恐懼已經纏鬥多年，直到女兒開始上學後，才覺得自己的人生完全失控，需要求助。

這個世界這麼亂，我女兒一去上學，我就焦慮個不停。我知道學校的後門都是不上鎖的，誰都進得來，在那麼多位母親裡只有我會站著目送她走進學校。白天我還會開車經過學校，我知道女兒沒事，但我就是很緊張，腦袋裡就是會閃過一大堆念頭。「萬一這樣怎麼辦……萬一那樣怎麼辦……」我知道這樣想很蠢，但壞事總是會發生的對吧？誰能保證我女兒不會出事？

我唯一能放心的時候，就是看到她放學走出學校的時候。

琳達的想法有些極端，但由此可見，少少的資訊再加上多多的不安全感，就可以寫出恐怖片的劇本。琳達跟你我沒什麼不同，但她因為缺乏信任（不信任自己，也不信任生活），放任憂慮與正常的焦慮在她的心頭不斷堆疊，養成扭曲的、不安全感的思考習慣。她的想法都是預料未來會出事（這就是焦慮的標準定義：**預料未來會出事**），顯然深受這些扭曲的想法折磨。如果你跟琳達一樣，也受到焦慮的「萬一」想法引誘，開始偏離正常思考，不久之後你就會覺得自己像隻追著自己尾巴的小狗。焦慮的想法會引發焦慮，從而導致更多焦慮想法，造成……你很清楚是什麼。

"不安全感是一種習慣，天底下沒有不能戒除的習慣。"

琳達必須了解，若是放任不安全感決定什麼才是真的，就得付出代價，她付出的是焦慮的代價。琳達透過自我對話，發現她的不安全感有個獨特的聲音，其實她的不安全感是有個性的——非常擔憂、恐懼、不信任、原始，這種聲音與她較為理性、健康的聲音不同，是她的內在小孩反應在說話。

琳達可以透過自我對話，首先弄清楚內心是誰在對她說話（是健康的琳達，還是飽受折磨的小孩琳達），就能訓練自己抵抗這些扭曲的想法。她以較理性、正面、經過導引的自我對話，取代內在小孩的思考，琳達選擇做健康的人。自我對話只會選擇恰當的解讀：「我要選擇相信女兒沒事。再也不要去想『萬一』。我送她去上學，不會讓自己再沉溺於那些蠢念頭。」琳達發現，運用自我對話導引自己的想法，就再也不會受焦慮與憂鬱影響，你也會領悟這個道理。

"健康的思考是一種選擇。"

你也許並不知道，但不安全感、恐懼、疑慮和不信任，其實是有聲音也有個性的。你之所以會對此感到意外，是因為多年來，你已經認同這些有害的模式，你不覺得這些是在侵蝕你的人格，而是**就是**你的人格。你說「我憂鬱」或「我焦慮」，其實是你已經變成你的憂鬱或焦慮。但你若是說，「**我的一部分**是憂慮或焦慮的——非常有害的一部分」，那麼你就能以客觀的態度看待自己的症狀，也能有效擺脫這些症狀。

你並不是也永遠不應該等同於你的焦慮與憂鬱。焦慮與憂鬱雖說是人生的正常現象，但絕不該控制你的人生，如果你正在被這些有害的症狀折磨，請你務必明白，真正折磨你的，其實只是由不安全感引起的想控制人生的錯誤想法。不要被自己的症狀誤導，習慣就只是習慣，焦慮就只是焦慮，憂鬱也只是憂鬱。這些都不是什麼超自然現象，也不是你改變不了的東西，就只是壞習慣而已。

”好的教練擅長激勵。“

如何開始：超級瑪利歐的啟示

幾年前，我的孩子們邀我一起玩電玩遊戲。我先前看過他們玩，小小的瑪利歐在他們的操作下，在螢幕上跳躍、跳動、閃躲、急匆匆跑來跑去，看起來好像很簡單，等到自己手裡握著控制器，才知道沒那麼簡單。別忘了，現在的孩子都是玩電玩長大的，我小時候唯一會動的玩具，是那種要上發條的玩具，現在玩起電玩就顯得笨手笨腳的。

孩子們善意的責備，激發我想練就這種無用技能的決心，我下班後，偶爾也會溜進家裡地下室，玩上幾分鐘任天堂遊戲。一開始很挫折，我彷彿在用非慣用手寫字，無法讓我的瑪利歐按照我的指令去做，再怎麼努力也沒用（越努力還反而越糟）。大約一個月後，瑪利歐能執行我的指令啦！我的大腦、雙手、雙眼開始合作愉快，瑪利歐也變成我意志的延伸。

你一開始進行自我對話，或許也會覺得「笨手笨腳」，就像我玩任天堂遊戲，**要一再練習做自己不習慣做的事情**，要不斷告訴自己，挫敗只是一時的，從開始時就得明白，**自我對話是一種需要練習才能學會的技巧**，熟能生巧，越快開始越好。即使一開始表現得有些笨拙，也要勇於嘗試，就算覺得摸不著頭緒，或是感覺自己做得不對，也沒關係，只要繼續努力，就能從經驗中學習。你完全沒有損失的風險，反而還能有很多收穫。

練習建議

把握任何機會練習區分：導引式的自我對話、不安全感引發的反射式思維、中性無意圖的想法。以下表格是記錄這些經驗的範例，看看你是否能從自己一天的生活中，為每個類別想出一些例子。

中性無意圖的想法	不安全感引發的反射式思維	導引式的自我對話
今天就到這收工吧，我累了。	一切都好艱難，我再也做不下去了。	不，我不會放棄的。我已經努力這麼久、這麼辛苦了。
好美的夕陽	他為什麼這麼看我？我做了什麼？煩死了。	沒什麼好怕的，這只是普通的咳嗽。
我不知道想吃什麼？看來我不是很餓。	我的頭髮看起來好糟，我不能去舞會了，好想死。	夠了，該開始工作了。

09
自我對話的簡單三步驟

不安全感在字典裡的定義很簡單，就是缺乏信心或保證。在大多數人眼裡，不安全感就是不時會感覺到不安全、有疑慮的緊張感。你會如何形容不安全感呢？我覺得不安全感就是一種對危險、脆弱或無助的預感，伴隨著無法相信自己，不安全感有一個聲音，通常表達三種感受：懷疑、害怕、消極。這些感受往往是透過我所說的「反射式思維」流露出來的。

不過有一種反射式思維尤其會引發焦慮與憂鬱，那就是第八章討論的內在小孩反應，你的內在小孩反應讓你心中充滿疑慮與恐懼，不相信自己有把握人生的能力。你知道嗎，其實你是被耍了。你的內在小孩反應或許已經形成根深柢固的習慣，但相信我，要戒掉這個毛病沒那麼困難。你之所以被欺凌那麼久，只有一個原因：你從來沒有充分對抗這種反應機制。

但現在不一樣了，只要完成三個簡單的步驟，你就能終結長期備受侵蝕的自我信任感和內心安全感。

自我對話第一步：區分事實與假想，學會傾聽

自我對話的第一步並不複雜，只是需要練習。首先只要問一個簡單的問題：我現在的反應，是基於事實還是假想？大多數人遭受荼毒的那些不安全感習慣，大概是在直覺反應的層級運作，只是你渾然不覺。大部分習慣久而久之就會習以為常，所以你大概沒察覺到習慣對你生活的影響。舉個例子，假設你搭車上班途中，發現恐怕會遲到幾分鐘，你想：「老闆會怎麼說？他要是覺得我不在意工作時間，認為我占公司便宜怎麼辦？」疑慮、恐懼與負面的涓涓細流，匯聚成洶湧澎湃的焦慮狂潮，你開始覺得有點頭暈、緊張、心悸。

那天晚上，你搭車回家，這次臉上卻是帶著微笑。老闆今天比你晚到一小時，你成交了一筆大生意，老闆說你升遷有望。你打電話到你最喜歡的餐廳訂位，想要喝杯酒慶祝。

一週後，你上班又遲到了！你會不會回顧上星期，提醒自己：「我上週吃過東想西想的苦頭，我不要重新糾結一遍。」你才不會停止！為什麼不會？因為你的不安全感已經形成習慣，所以你不會從成功的經驗學習，「上週沒事，但今天不一樣，今天我知道我死定了！」

當不安全感綁架了我們，能夠怎麼辦？不想再被不安全感所引發的疑慮、恐懼、負面思考傷害，就要懂得區分事實與假想，事實可以被證實，也是客觀的，假想則不然。而且要知道，**感受並不是事實**，老闆對你說，你呈送的表單他看了很不高興，這就是一個事實，也確實會讓你擔憂。但你對自己說：「我覺得老闆不喜歡我。」則是假想（這是揣測上意，即使為真，在

經過證實之前也仍然是猜測）。你把假想當成事實就會痛苦，而且是承受不必要的痛苦！多少次你擔心、苦惱，認為大事不妙，結果卻像那位上班遲到的通勤者一樣，發現不安全感帶給你的想法，往往跟現實的事實差異很大？

只要一個簡單的確認：「我現在的感受，是基於事實還是假想？」就會領悟你其實有選擇。如果你感到煩心、不快樂，那是因為你一直過著沒有選擇的反射生活，除此之外，別無原因。你只要不再把假想當成事實，知道你其實可以選擇不要焦慮、恐懼、疑慮或負面思考，你的整個人生觀都會開始改變。

想區分生活中的事實與假想，有個很有效的辦法，就是更進一步問自己：「我聽見的話語，是成熟、理性、合理，還是未經修飾、過於情緒化、孩子氣、缺乏安全感？我聽見的是我自己在說話，還是我的思想被內在小孩反應控制？」

”**所有的內在小孩反應都是假想**。“

來看看二十五歲的學校老師蘿倫，是如何被她的內在小孩反應要得團團轉：

上個禮拜我在客廳看電視，我的室友走上前來把一張紙條扔在我大腿上，就回到她的房間，用力關上門。紙條上說，她再也受不了我邋遢的生活習慣。

我坐在那裡，氣壞了。我的第一個反應是衝進她房間，跟她說我的想法。好，我承認，我這個人是邋遢，但我沒想到她這麼無法忍受。她以為她自己沒什麼缺失，哼，大家走著瞧吧。我覺得她可以開始找新室友了！她從今以後得搭公車去上班，不會有人當她的司機了。丟一張紙來？太誇張了！她連當面跟我說都不敢！我跟她現在都不講話了，她一進屋，我就把臉轉過去，我不想顧情面，跟她還有什麼情面好講？我要讓她知道，她會付出代價的，弄得再難堪也無所謂，她要是受不了，大可離開。她還以為自己有多完美，才怪！你猜怎麼著？從禮拜天到現在，我一個碗也沒洗，我的衣服扔得到處都是，浴室髒死了。我才不要改！

這些話聽起來成熟、理性或合理嗎？當然不是。蘿倫的想法很情緒化、幼稚，還很惡意，這是典型的內在小孩反應，而且她都聽進去了。自我對話的第一步，就是要檢視你的想法與反應，區分事實與假想。當蘿倫踏出反省自己的第一步時，發現她把自己幼稚的角度當成事實在捍衛，細數室友過往的種種劣跡。蘿倫的心情非常焦慮，然而她確實懷疑自己激烈的想法背後潛藏著內在小孩反應。她最後坦言：「是，我太幼稚了。我要是處理得成熟一些，就會對她說，她真的傷了我的心。也許我們還可以約法三章什麼的。」

”你發現焦慮、憂鬱的症狀越發嚴重，就要察覺痛苦的根源也許是內在小孩反應。“

蘿倫是個很好的例子，證明了我一再發現的一個道理。大多數人受到逼問的時候，都能分辨何謂成熟，何謂荒謬。相信我，內在小孩反應確實很荒謬。

如果你跟蘿倫一樣對某件事感到徬徨，那就先抽離，等到讓你情緒激動的事件塵埃落定，再回頭評估，如果有必要就再一次抽離。你的內在小孩反應會攪亂一切，千萬別上當。事實上，你應該是可以預期這些的，你一旦掌握了訣竅，就不難察覺是內在小孩反應在作祟。你看穿內在小孩反應的障眼法幾次之後，就不會再被難倒了，甚至在思考的同時，你也懂得評估你思考的品質。原則就是：如果是內在小孩反應，那就是假想。

看看以下例子，測試你揪出內在小孩反應的能力。如果你認為是內在小孩反應的思考（假想），就圈選「是」，如果你認為是成熟、理性的想法（事實），就圈選「否」。

一、「好啊，他不想聽我的意見，那我就給他來個冷暴力，看他受不受得了？」 是 否

二、「我永遠不會成功，我這個人就是沒用。」 是 否

三、「每件事都不順，大家都在跟我唱反調，幹嘛要針對我？」 是 否

四、「她好幾個星期都沒打電話來，這一點也不像她。不曉得是不是出了什麼事，我是否應該打個電話給她？」 是 否

五、「他還沒打電話來，一定是出事了！說不定是出了沒人知道的意外，說不定他現在躺在路邊的水溝裡。」 是 否

答案：除了第四題，其餘全都是標準的內在小孩反應（不安全感、誇大、歇斯底里等等）。

如果你不確定第四題的答案，只要跟第五題比較就知道了。第四題的提問是一個客觀的問題，第五題一開始就不客觀，而是負面的「一定是出事了」，後面還跟著更多歇斯底里的猜測。

了解你的內在小孩的個性是很管用的。從一個人的言行舉止就能推斷此人性格，同樣的道理，只要了解你的內在小孩反應的性格特質，就變得很好預測，可先從下列清單開始辨識：

- 你遇過哪些內在小孩反應的表達？想一想，你的內在小孩反應說的話，是不是缺乏安全感、憂鬱、驕縱、恐慌、恐懼、生氣或目中無人？
- 最好能了解是怎樣的環境造就了你的內在小孩反應。例如壓力、衝突、非外在衝突引起的焦慮與憂鬱、對衝突的預期、對失控的恐懼、維持控制的困難等等。
- 仔細研究你的內在小孩反應如何扭曲你的想法，風格是什麼？擔憂、預設失敗、過度負面、退縮、內疚、敵意？
- 依據你的內在小孩反應的性格，取個貼切的簡單稱呼或名字（害怕瑪麗、兇惡哈利、超悲觀丹尼、牢騷鬼汪達、寂寞露易絲等等）。

我在很久以前就發現「不安全感的聲音」或「扭曲的思維」這類形容詞，並不足以徹底了解不安全感。你越能將內在小孩反應擬人化，就越快理解內在小孩如何荼毒你的思想。

要記住，你的內在小孩個性就像你的外在性格，也會以許多不同方式展現，例如你的內在小孩反應可能時而恐慌，時而衝動，時而無助又絕望，任何一種性格都有許多特徵，你的內在小孩的個性是由許多不同表現拼組而成的馬賽克畫。以下列出幾種你可能會遇到的各種表現方式，看看是否有你覺得熟悉的（括號中提到的類型，在接下來幾章會介紹）：

- **恐慌的小孩：**神經兮兮，總是覺得天要塌了，焦慮，往往伴隨著深層的憂鬱（瞎操心的人、龜縮的人）
- **受驚的小孩：**非常害怕，總是在擔心，在心裡有一萬個萬一，一天到晚焦慮，遲早也會憂鬱（瞎操心的人、龜縮的人）
- **擺布別人的小孩：**喜歡操控別人（像變色龍一樣善變的人、政客、公關高手）
- **霸凌別人的小孩：**以侵略、恫嚇行為控制他人，非黑即白的思維，固執己見，麻木不仁（像刺蝟的人）
- **歇斯底里的小孩：**瀕臨崩潰，等待救援，過度情緒化，焦慮與憂鬱（瞎操心的人、控制狂）
- **無力承受的小孩：**人生太艱難，無力繼續，通常會憂鬱、焦慮（瞎操心的人、龜縮的人）
- **鬧脾氣的小孩：**大聲哀號「看我多可悲」、憂鬱（像變色龍的人、龜縮的人、瞎操心的人）
- **衝動的小孩：**非黑即白的思維、缺乏耐心、現在馬上就要控制一切、焦慮（像刺蝟的人、控制狂）以及憂鬱（瞎操心的人、龜縮的人）

- **固執的小孩：**照我說的做，否則就滾；容易發脾氣（政客、刺蝟、完美主義者：明星、控制狂、極端分子）
- **無助的小孩：**過度依賴、太黏人、盼望有人相救、焦慮與憂鬱（瞎操心的人、龜縮的人）
- **絕望的小孩：**何必麻煩呢、我做什麼都會搞砸、悲觀、焦慮（裝委屈的人、龜縮的人）

想將焦慮與憂鬱趕出你的人生，很重要的第一步就是區分事實與假想。當你認清假想之後要怎麼做？簡單，就是不要再聽假想說話！接著就是自我對話的第二步。

自我對話第二步：停止反射式思維

自我對話不是「勸說」自己不要焦慮、不要憂鬱那麼簡單，而是學習如何對自己說話。舉個例子，我的腦袋浮現想吃一碗冰淇淋的念頭，但我正在減重。我有幾個選擇，一個是順從我的念頭去吃冰淇淋，這樣一來，我就是放棄了減重的決心，放任自己的渴望去吃了冰淇淋，我輕易就讓這個念頭推翻了我想要更健康的瘦身心願。還有一個選擇是對自己說：「我當然想吃冰淇淋，但我知道我在減肥，所以我還是不吃了。」這次，你**不再順從**你的念頭。

對於一些具體事情，例如「我不能看電視，我得搞定這些帳單。」或「我不能再喝了，我得開車。」我們很了解該要拒絕，但遇到擔憂、糾結、內疚、焦慮這些較為抽象的煩惱，為什麼我們總是會驚訝於「原來我還能拒絕」？主要的原因是，不安全感是一種反射性的習慣，會讓你淪為被動的受害者，想都不想就認為自己無力擺脫一連串的疑慮、恐懼、負面想法。我們無力對抗不安全感，只能任由它將我們打入憂鬱與焦慮的深淵。自我對話第二步的重點，是要對失控的反射式思維踩下煞車。

別讓不安全感築巢

我的祖母說過一句很貼切的話：「你不能阻止鳥飛到你的頭髮上，但你不需要幫鳥在你的頭上築巢！」你無法阻止第一個不安全感的想法入侵你的意識，但你不需要加入第二個、第三個、第四個不安全感想法，不需要幫不安全感築巢，你**可以**消滅這些念頭。反射式思維是一種習慣，所以你可能已經不知不覺築巢多年，從來不知道你其實有選擇，你可以選擇不要成為問題的一部分！自我對話能讓你明白，你不必受到有害的反射式思維荼毒。

焦慮與憂鬱：源自內心的困境

有個比喻能改變你的一生。小時候我的單車有一個發電機供電的前燈，發電機有一個小小的有輥紋的汽缸，會摩擦輪胎。我騎車踩踏板的時候，轉動的車輪會帶動輥紋汽缸轉動，進而發電，點亮前燈的燈泡，不踩踏板時，燈泡就會閃爍，熄滅。可以把焦慮、憂鬱和恐慌當成單車的前燈，只有在踩踏板（反射式思維）的時候才會點亮。如果你因為焦慮、憂鬱而感到痛苦，那務必要明白，焦慮與憂鬱其實是你自己製造出來的，否則它們不可能存在。除非你自己製造，否則不會有焦慮與憂鬱！當你停止踩踏板，停止讓反射式思維流動，正如單車的車輪會漸漸停下，焦慮與憂鬱也會變暗，閃爍，熄滅。這句話值得牢記，你沒有騎行踩踏板，單車的前燈就不可能會亮。同樣的道理，只要你不自己生成，焦慮與憂鬱就不可能存在。單憑這個原因，自我對話就不會將焦慮與憂鬱歸類為疾病，疾病是發生在你身上的事，習慣則是你自己養成的。這個簡單的區別，就足以改變你人生的方向。

讓失控的反射式思維列車停下

第二步要做的，是讓你的人生不再被不安全感掌握。要做到這一點，通常只需要堅定的意志，要堅決不再產生會讓不安全感得以延續的念頭。這其實不複雜，但你受到內在小孩反應影響，可能並不相信自己有能力讓反射式思維的失控列車停下，所以常有人哀嘆：「我就是沒辦法不擔心。」內在小孩反應讓你覺得自己很被動、無力，所以你想尋求神奇的「祕密」咒語解方好擺脫痛苦。只要逛逛你家附近書店的心理勵志書區，就會看見一本本宣稱能提供幸福的祕訣、公式、處方的書籍。

我們在尋找憂鬱、焦慮解決方案的過程中被誤導，以為之所以會痛苦，唯一的原因是沒找到**解決方案**，沒讀到**解決方案**，或是沒人告訴我們**解決方案**是什麼，諷刺的是，大多數人根本沒想到往內在尋找「解決方案」，難怪我們對於自己需求的想法會是錯誤的。我常說，很多病患尋求治療不是想改變，而是只想做個更好的神經病！「我不想變得不完美，只要告訴我該怎麼做才能不焦慮就好。」我們心理上也想要兼顧完美，且不會焦慮。如果你想擺脫焦慮與憂鬱，就必須接受三項真理：

一、**你要破除「誰都能拯救你」的迷思**。

二、**你必須承擔改變的責任**。

三、**你要相信你真的有所選擇**。

有幫助的畫面

你可曾聽說過「一張圖片勝過千言萬語」，若是被反射式思維搞得心煩意亂，只要想著一個簡單的畫面，效果就會遠勝千言萬語的分析和理解。現在就開始，不要在你自己之外的地方尋求特效藥，更不要指望會有人拯救你。不要聽你的內在小孩反應那些扯後腿說「我辦不到！」的言語，要知道**你**現在該做的，是讓失控的不安全感列車停下。在好萊塢電影裡，如果你想讓火車緊急停下，只需要抓住緊急煞車把手用力拉。你的想法一旦開始失控，就想像一個鮮紅色的把手在你面前，然後用力拉！再發揮你內在的力量與決心，大聲說「停下！」

假設你想爭取升遷，又覺得焦慮、恐慌，你對自己說：「也許我不夠聰明，無法承擔更多責任。」有兩種回應方式。第一種是最有害的回應方式，任由你的不安全感習慣，搭上失控的思想列車，「我這是騙誰呢？他們遲早會發現我是失敗者。我要是搞砸，留下不好的紀錄怎麼辦？萬一……？」沒完沒了一直想，半夜還在踱步。我們就是這樣製造出焦慮與憂鬱。

第二種選擇，是區分事實與假想，用力拉緊急煞車，讓反射式思維的列車停下。例如，第一個念頭突然出現在你的腦海：也許我不夠聰明，無法承擔更多責任……你發現這是你的內在小孩在說話。你已經知道所有你的內在小孩反應都是假想，於是立刻想像有個緊急煞車把手，然後用力拉，「停下！這不是事實。我**知道**我能學會。我不需要聽我的內在小孩說話。」

用力拉緊急煞車把手，代表一件事：堅定的意志。你不願再朝著自我毀滅的方向前進一步，也許你依稀覺得這些很熟悉，我想你一定有很多次想讓失控的有害思想停下的經驗，也許你想強化自己的力量，拒絕不安全感，但就是做不到。重點不是只想著用力拉緊急煞車把手，而是直接用力拉。正因如此，Nike 的行銷團隊，才會用「Just do it」（做就對了！）當成宣傳口號，而不是「想著要做就對了！」我們要效法 Nike 的精神，應該向有害的反射式思維說不的時候，

做就對了！

我之所以喜歡「訓練」這個概念，這也是原因之一。我發現大多數人只要有足夠的時間、教育和鼓勵，都能訓練無能為力的自己有力量去面對（而不是只停留在分析）。就像撥動開關，隨著你的信任肌肉日益強壯，有朝一日你會願意承擔風險，不想再被反射式思維戕害。去做就對了。

練習建議

有一個方法可以在遏止反射式思維的同時鍛鍊你的信任肌肉。仔細觀察你的一天，找出哪些事是你拖延不想去做的，像是「等一下就做（處理帳單、打該打的電話、洗碗、用牙線等等），先讓我休息一下」的事，這些都是鍛鍊你的信任肌肉的機會。想知道你不是無能為力，唯一的辦法就是證明你有能力，請督促自己去做這些事！

為了完成這次試驗，請不要替自己找任何藉口，你一定要去做。從簡單的日常勞務開始，等到累積了自信，再用同樣的方法讓自己做出選擇去停止反射式思維。你只要明白發號施令的是你，而不是你的內在小孩反應，就能理解更重要的道理，那就是無論什麼事情你都有選擇，你只需要習慣發揮你的意志力。

切換頻道

還有一種畫面，我覺得跟用力拉緊急煞車把手一樣有用，我稱之為切換頻道。

切換頻道就能隔絕內在小孩反應的魔音。想像你在聽收音機，播音員正在談全球暖化的危機，說得一副世界末日要降臨的樣子。你坐在你家客廳，覺得心情越來越緊張，繼續聽下去便越來越焦慮，最後你再也受不了，調到另一個電台，聽見另一位播音員在預報天氣，說這個週末的天氣會很好，你的心情也逐漸放鬆。

每一位電台播音員代表你自己的一種想法，可能是樂觀正面，可能是抑鬱負面，也有可能是中立客觀的。你聽收音機時會受到影響，同樣地，你也會受到自己腦中聲音的影響，你那有意識的自我，能將你的內在能量轉化為堅定的意志行動，所以你能運用自我對話技巧直接切換頻道，收聽更適合你的電台。你選擇收聽的內容就是會影響你的內容，不喜歡聽這一台怎麼辦？那就轉台。你熟悉之後，就會知道這有多簡單。四十歲的接待人員凱莉，就是靠切換頻道救了自己一命。我請她把她那很有創意的經驗寫下來，發表在這本書裡：

我一直都是個控制狂。上一個冬天我因為咳嗽去看醫生，這才發現我的血壓很高，真的超高。醫生叫我馬上開始吃藥，我脫口而出：「不要！」就算我有高血壓，我也要自己克服。我這個人很自律的，高血壓怎麼難得倒我？我看了幾本醫生給我的小冊子，就這樣開始了。我開始多走路，減了幾公斤，降低鹽的攝取量，在家也會量血壓。問題是血壓還是降不下來。我做了這麼多都沒用。有一次還飆到 215/120 ！我都慌了，我做了那麼多都沒用！

我的腦袋一下子湧上好多念頭：「我要死了。我該怎麼辦？我可不想一輩子吃藥！」我越是恐慌，就越是著急做這做那，血壓也就越降不下來。我練瑜伽，戒菸，每天早上本來是走路改為慢跑……結果都沒用，我更憂鬱了，感覺好失控。我開始覺得恐怕看不到我女兒長大，這種念頭揮之不去……我睡不著，整個人很煩躁，對誰都發脾氣。我會頭痛，但我不想再去看醫生，因為醫生只會叫我吃藥。

後來我接受心理治療。一開始我覺得很高興，終於有辦法解決焦慮了。我看醫生給我的小冊子，上面說壓力也是造成高血壓的原因之一，所以我覺得應該接受治療。盧恰尼博士提議的切換頻道技巧，正符合我的需求。

起初，我的收音機大概只有三個頻道：一個是恐慌頻道，一個是無意識亂想的無情緒頻道，還有一個是「我一定要做些什麼」的控制狂頻道。在學習自我對話之後，我發現過去我局限了自己的思考——限制我的頻道。因此我增加了第四個頻道，是「調查事實」頻道。

調查事實頻道叫我不要再這麼頑固，要探索所有選項，而不是只探索第一至第三頻道的選項。我去找高血壓專科醫師看病，這才發現治療高血壓的新藥副作用很少，幾乎完全沒有，我以前總以為吃了高血壓藥，就會白天睡覺，晚上跑廁所。我跟醫師說，我願意試試他推薦的高血壓藥。隔天早上我出門跑步，我的恐慌頻道在大聲播放：「不要投降，你總不能後半輩子都在吃藥……」我知道這類焦慮語言，是我內心那個沒安全感的小孩在說的。我運用自我對話，決定不聽這個頻道，我轉換到調查事實頻道：「好，你不想吃藥，可是高血壓對身體會造成怎樣的危害？我一直猶豫不決，其實是在傷害自己，回去我要研究那個新藥。」好，這次很順利，我懂得換個更理性的頻道。但真正讓我感到意外的，還是無意間新增的第五頻道。

我現在把我的第五頻道稱為「莫札特頻道」，是放鬆心情的頻道。我決定要研究新藥之後，心情很平靜，也是第一次察覺到第五頻道的存在。我突然忘了我的恐慌，我還是一邊欣賞美麗的開花樹木，一邊慢跑跑完全程的！這對我來說是第一次，我過去滿腦子心事，都沒有注意到春天早已到來！我現在若是因為缺乏安全感或恐慌而覺得心很亂，就會叫自己改聽莫札特頻道。我聽這個頻道，就不會聚焦在滿腦子的胡思亂想，而是會看看周遭的環境。我現在會更加留意色彩、聲音這些跟思考無關的東西。

我總算決定要吃藥，我想先吃一個月再決定後續。我服用的是血管張力素轉化酶抑制劑，在傍晚服用。那天晚飯後，我量了血壓，驚喜到差點從椅子上摔下來。先前一直是200/110甚至更高的血壓，這次竟然降至116/80！怎麼可能呢？才幾個小時啊！

我服藥到現在已經三個多月了。我現在很少收聽恐慌頻道，也比較少聽調查事實頻道了，我一聽到控制狂頻道就會趕快轉台，莫札特頻道倒是變成我最愛聽的，在很多時候都會收聽，不只是恐慌的時候。有時候我的心情有點低落，自怨自艾，或是表現有點荒腔走板，就可以切換頻道，把注意力轉向周遭的環境。

”自我對話能在你心中浮現有害想法的時候引導你換個頻道。為什麼還要忍受有害想法的折磨？既然有選擇，何不選擇好心情？“

別餵鴿子了

最後還有一個畫面，是與我共事的人中最喜歡的其中一個，我稱為「餵鴿子」。想像有一天你決定到陽台放鬆一下，讀讀報紙。你注意到一隻可愛的小鴿子閒晃過來，自顧自地啄食地上的東西，你無意識地把吃剩的三明治屑丟給牠。隔天你再度到陽台，沒多久，那隻小鴿子又帶著朋友回來了，你又興奮地撒了一些麵包屑。到了週末，你的陽台已經被上百隻鴿子占據，羽毛到處飛揚，滿地排泄物，還有喋喋不休的咕咕聲，原本乾淨的陽台變得一團糟。

你打電話問我：「我該怎麼辦？」我反問：「你有餵鴿子嗎？」你天真地回答：「有啊。」我努力壓抑住內心的無奈，說：「那就別再餵鴿子了！」

如果你讓反射式思維湧入你的生活，帶來不必要的擔憂、恐懼或負能量，那你就是在餵養不安全感的鴿子。如果你執意要繼續餵牠們，那麼討人厭的事實就是，你會受苦。從現在開始，每當你發現自己又陷入反射式思維的漩渦中時，請記住這群鴿子的畫面，然後提醒自己一句：「別再餵鴿子了！」

我覺得現在的我聰明多了

只要稍加留意，就必定會注意到你的內在小孩反應那種扭曲的負面思想、恐懼和控制狂的心態究竟有多荒唐。有一天你回顧過往，只怕也會感到意外，自己竟然這麼容易上當。等到你習慣拒絕反射式思維，學會切換頻道，你很快就能完全隔絕扭曲的想法，也能發現真正的力量來源，是你成熟、健康的自我。

以下是最近退休的商人傑伊的回憶：

我到現在還常常覺得我這個人有問題，我不時會想像很可怕的事情，而且也刻意不去聽這些聲音。昨天就是個很好的例子，我坐在電腦前，身體的一側覺得癢，伸手去抓，卻被一陣劇痛嚇了一跳。我的肋骨一碰就痛，我又碰了一次，這次覺得真的不對勁。我對自己說，身體恐怕有大毛病，萬一得了癌症怎麼辦？我越來越焦慮，但我也明白，我只是在把一個完全無所謂的疼痛往最壞的方向去想，我知道這是我內心那個沒有安全感的小孩在作祟，恐慌到歇斯底里。我把手從疼痛的肋骨移開，對我自己說不要再胡思亂想。我不願再聽那些胡亂猜想的聲音，我一再對自己說：「別聽了，那是你內心那個荒唐的孩子在說話。」結果有用！我不曉得我要對抗那個荒唐的小孩多少次，但最後成功了。我完全忘了肋骨的疼痛。

我那天晚上脫掉上衣時才想起肋骨疼痛。我想起我前一天在健身房上過一堂瑜伽課，做過一個超難的三角式，我大概伸展過頭了。我很高興能擊退我內心的那個小孩，因為我要是在恐慌之中去看醫生，就會覺得自己超蠢。

傑伊就像很多患者，必須了解耐心與堅持是值得的。內在小孩反應多年來早已習慣我行我素，大多數的人不僅任由其主宰自己的言行，還跟著一起歇斯底里，只是自己沒發現而已。以傑伊為例，他要不是懂得運用自我對話練習，就會以為自己得了癌症，還會講出一堆悲觀的預言，「一定是癌症，不然還會是什麼！」「我不想死！」你的內在小孩最不需要的，就是你火上澆油。

自我對話第三步：放下

自我對話的第三步，是要運用心理的柔術，消滅不安全感對你的生活的有害影響。柔術是門古老的日本武術，講究避開對方的攻擊力量。自我對話的第一步與第二步比較接近「攻擊」，亦即想法（區分事實與虛構）與做法（主動遏止反射式思維），第三步則相反。想與做的相反是什麼？是放手，什麼也不做。雖然「以不為而為之」聽起來很矛盾，但我幾年前感染感冒病毒的經驗，讓我明白這句話看似矛盾，實則不然。

幾年前，我的姻親榮恩與我拿到紐約巨人隊季後賽的門票。我跟榮恩也是從高中時期就認識的多年好友，當時他是美式足球校隊的後衛，而我是四分衛。造訪巨人體育場，是我們行之有年的儀式，除了賽前在停車場的聚餐饗宴之外，也總會聊起當年在足球場上拚殺的往事。

大賽當天早上，我一覺醒來，喉嚨痛到像是吞了碎玻璃，全身從頭到腳都痛，眼睛累到巴不得繼續睡，我難受得不行，很想死。但行之有年的儀式不容錯過，於是我強撐著洗澡、刮鬍子、穿上冬衣。心中不斷反覆糾結：「這太蠢了，我應該繼續睡才對，我都要難受死了！」

這一天的開始如此悽慘，沒想到，應該說完全沒想到，後來竟如此美好，有美食、好友，巨人隊也在比賽的最後一刻達陣獲勝。那天晚上我坐車從體育館回到家，「生病」的感覺竟然回來了！喉嚨又開始痛，鼻塞、疼痛、疲倦盡數回歸……可是這些症狀白天的時候都到哪裡去了？我想說的就是這個，症狀其實沒有消失，一直都在，只是被我忽視而已。那天晚上我雖然飽受病毒折騰，還是對心靈的神奇力量感到敬畏。你大概也有過類似的傷風感冒經驗，若是去想症狀，就會覺得難受，要是不予理會，就不會覺得難受。

焦慮與憂鬱引發的反射式思維，會讓你感到焦慮、恐慌、煩亂、無望、挫折，覺得自己沒用或無力，而且就像感冒，一直去想症狀，痛苦就會被放大，但若不去理會，放掉這些想法，就能擺脫痛苦。感染病毒就是患病，不去理會喉嚨痛和鼻塞，只是自己感覺比較不難受，並不能治癒疾病。焦慮與憂鬱則不同，它們只是習慣，**只要刻意忽視**，**就會開始瓦解**。要記住，焦慮與憂鬱的症狀需要你注意到，才能影響你。沒有**你**，焦慮與憂鬱就不會存在。

你必須一直去想你的症狀，焦慮與憂鬱才會持續。「我為什麼心情一直那麼低落？」或是「我萬一又開始焦慮了怎麼辦？」你一直聚焦在症狀上，不安全感才有機可乘，將你的注意力轉而向內，讓你的心靈充滿與反射式思維相關的疑慮、恐懼、負面思想，你也因此在不知不覺中害自己受苦。先前說過，你不是餵養習慣，要不就是餓死習慣，自我對話的第三步，放手，就是要餓死焦慮與憂鬱。想知道自己是如何滋養焦慮與憂鬱的習慣，就需要我稱之為「熟練的意識」。亞歷斯很驚訝地發現，是他的好奇心滋養了焦慮與憂鬱。

> 我真的不懂。我有一陣子完全不焦慮、不恐慌，感覺完全正常。但我一想到，「我最近心情很好，不曉得能不能一直維持這樣？」轟！我一想到這個就開始焦慮。我並沒有在養焦慮，至少我沒有意識到我在餵養我的焦慮。我的焦慮似乎是憑空冒出來的！

亞歷斯問：「不曉得好心情能不能持續？」就是把注意到放在他的焦慮上。他很好奇，想知道自己的好心情能不能維持，他要是有足夠的自信，就不會想知道這個問題的答案，而是會假定好心情一定會持續。我提到亞歷斯的問題，是因為從他的例子可以看出，餵養不見得會像「我知道我有心理疾病！」或「我就是個魯蛇」一樣這麼明顯，我們確實有可能在不知不覺間滋養不安全感，所以學會放手才如此重要。

”要記住不安全感的三個關鍵詞：疑慮、恐懼、負面。如果不確定，就問自己：「我現在的感受是疑慮、恐懼或負面思考？」如果真是如此，那你有可能在滋養不安全感。“

小提醒

在第十二章你將會接觸到一個延伸概念，稱為「回應生活」（Reactive Living），這個概念在自我對話的訓練系統中極其重要，重要到我曾一度考慮要把它列為獨立的自我對話步驟。但仔細思考後，我認為它更像是一個連結步驟：放下－回應當下生活。雖然「放下」與「回應生活」息息相關，我也意識到，在真正實踐回應當下生活**之前**，必須先有穩固的自我對話基礎，才不會受不安全感影響（這也是我最後決定將它列為後續步驟的原因）。我現在提前提到這一點，是希望你能對整體過程有一個預先的認識：**放下**與**回應生活**結合起來，正是能夠徹底脫離焦慮與憂鬱的黃金公式。

練習建議

能拯救你心理生活的兩個詞

當你在經歷心理上的掙扎時，就算有再多完善的自我對話訓練與努力，也常會被當下混亂的情緒瓦解。你可能一開始告訴自己：「沒什麼好擔心的，他說他不會離開我。」但幾分鐘後卻發現自己又陷入焦慮與恐慌中：「萬一他真的離開呢？我該怎麼辦？」當你正與強烈的情緒對抗時，記住這個簡單的口訣，可能會徹底改變一切。從現在開始，每當你因為不安全感而迷惘時，請掌握主導權、堅定信念，並對自己說「停止與放下！」來保持專注。只用這兩個詞，就能**停止**那列暴衝的反射式思維列車，然後**放下**它，讓它走。

如何撐過恐慌發作

離岸流是一種強勁的水流，會將人從海岸拉向外海。一位毫無戒心的泳客，可能上一秒還沉浸在溫暖的海浪中，下一秒卻被突如其來的離岸流捲向深海，在大海中，離岸流是奪命殺手，超過八成的救援行動都與它有關。你可以把恐慌想像成心理上的離岸流，它會把你從穩定與安全的岸邊拉向深處。恐慌發作就像離岸流一樣，也可以在瞬間把平靜的生活變得混亂，若你正飽受恐慌症所苦，自我對話的第三步將成為你的救生圈。

如果一位無防備的泳客被離岸流捲走，最糟糕的反應就是拚命掙扎，水流的力量會讓一切努力變得徒勞，最終只會讓你心力交瘁。要想在離岸流下生存，泳客必須放鬆身體，節省體力，順著水流漂浮，直到它最終釋放你。若你被一股恐慌拉走，最糟的作法就是任由你的思緒四處亂竄，不僅讓你精疲力竭，還反過來加劇你的恐慌。當你意識到恐慌來襲時，不是分析問題或對抗它，而是讓自己如同在水中漂浮，等待這股焦慮的離岸流自行消散。就像離岸流終於耗盡力氣、放你一馬，恐慌也終究會慢慢退，只要你不用反射式思維去滋養它。你越是抗拒，越是為你的焦躁和不安添柴加火，就越容易為其所害。

自我對話最終會幫助你去除引發恐慌的根源，但在完全做到之前，請記住一個簡單的原則：**少即是多**，減法能讓心靈平靜。多數人在恐慌時，會想：「天啊，我怎麼了？這太可怕了！我撐不下去，我需要幫忙！」當你相信這些想法時，就像是在離岸流中驚慌失措亂掙扎的泳客。不要被那些恐慌的感覺引誘，讓你誤以為必須多做點什麼才能解救（控制）眼前的局面。

下一次恐慌來襲時，請想像自己是一位冷靜、有經驗的游泳者，知道順流漂浮比盲目掙扎更有效。直到你能建立起更強的信心、將恐慌完全驅離生活前，請運用自我對話第三步，安然撐過你遭遇的每一次恐慌浪潮。

重新建構思維

自我對話的第一步，是分辨健康的想法（事實）與內在小孩反應（假想）的差異，第二步是決定不再聽從那些假想的聲音。現在，來到第三步，你已經準備好邁出那一大步，放下反射式思維。每當你讓不安全感荼毒你的健康自我時，難免會感到混亂與失衡。自我對話之所以有效，是因為它幫助你理解，你與不安全感之間需要一條清楚的界線。一旦你明白這條界線，接下來就只是導引自己的思緒，直到你不再受反射式思維影響，找回對生活的掌控。

你準備好了嗎？

自我對話的技巧需要練習、練習、更多的練習，抓到機會就要練習。但也不必把自己逼得太緊，只要順其自然，久而久之就會進步，也能有所領悟，不要貪心，要有耐心，也要信任這個方法。我敢說你的內在小孩反應一定會搗亂，這是難免的，要記住，你的不安全感只想以神經質的方法控制人生，完全不曾考慮改變。

如果你因為憂鬱的關係，覺得練習自我對話超級困難，要有耐心。如果你因為焦慮的緣故，覺得自己進步不夠快，感覺很慌，也要有耐心。在接下來的幾章，你會學到很多種讓你堅持每天練習的方法，現在只要努力就好，哪怕次數很少，效果不明顯都沒有關係，要不斷提醒自己，在客觀現實的冷靜亮光照射下，沒有不安全感那扭曲思想生存的空間。

可以把練習想成是玩拼圖遊戲。你的任務很簡單，就是這邊拼一塊、那邊拼一塊，你的每塊拼圖就是領悟、理解、直覺，因此你越來越了解你的內在小孩反應扭曲的、不安全感的想法。我鼓勵你自己繼續拼你個人的拼圖，以了解是哪些扭曲的想法、感受和認知，這些會導致你焦慮、憂鬱。拼圖的全貌可能暫時隱藏了一段時間，但或許只需要再來一塊拼圖塊——就完成啦！整幅圖像自行浮現。同樣地，客觀、健康的現實，會穿透扭曲想法的迷霧呈現在你眼前。記住，不要有壓力，也不要限制時間，只要堅持下去，就會發現真實的事實。

你在後面幾章會學到更多更重要的資訊，但現在的你已經可以開始試試自我對話。大多數在你腦海中發生的想法，當下看來都非常合乎邏輯，尤其當你陷入強烈情緒時更是如此，因此往往有必要依據自己個人的情況調整方法。有些人喜歡在一天的尾聲錄音記錄實際對話，並透過聲音變換分別代表他們內心的不安全感聲音與健康聲音。還有一些人會長期撰寫兩欄清單，一欄是「我該知道的事實」，另一欄是「害我犯錯的假想」。我有一位患者用的方式是畫圖，她畫的漫畫很生動，是一個小孩咆哮、跺腳，有一次還吐口水。創造屬於你的新可能吧。

區分事實與假想，以及讓反射式思維的失控列車停下，這兩件事固然重要，但本質上都是準備步驟，是為了讓你最終邁出第三步——放下。在這個階段，你終於要開始建立自信的基礎，從此不受焦慮與憂鬱影響。

”你永遠都可以鼓勵自己放下不安全感，只要提醒自己：「這只是習慣！」無論你多年來是如何應對反射式思維，從現在開始只要對自己說：「焦慮只是一種習慣！」「憂鬱只是一種習慣！」「疑慮只是一種習慣！」「負面思考只是一種習慣！」既然只是一種習慣，那就放膽試試看，放下吧！“

交替鼻孔呼吸法

告訴你一個我做瑜伽學到的方法，可以有效逃離任何身心的折磨。無論是恐慌、焦慮或憂鬱的念頭，交替鼻孔呼吸都能遏止失控的反射式思維。

只要坐直，以右手拇指按住右鼻孔，由張開的左鼻孔吸氣三秒鐘。再用拇指與食指按住兩邊的鼻孔，屏住呼吸三秒鐘，再鬆開按住右鼻孔的拇指，由張開的右鼻孔呼氣六秒鐘。反相重複相同的流程：右鼻孔吸氣三秒鐘，屏住呼吸三秒鐘，再透過左鼻孔呼氣六秒鐘。繼續進行，直到你能放鬆心情，不再受突如其來的反射念頭干擾。

這種方法用於冥想，效果非常顯著。而我們想阻止、放掉反射式思維，交替鼻孔呼吸法的成功率幾乎是百分之百。這個方法需要你專注在呼吸上，要精確計算呼吸次數，要在正確的時機換鼻孔呼吸，最重要的是要均勻呼吸，不能急促也不能停頓，所以幾乎不可能同時產生反射式思維。

這種簡單的方法以非常直接且實用的方式，讓你知道從不安全感的自動反應生活中解放出來，就像三加三等於六那樣簡單。你知道你可以主動擺脫反射式思維的有害影響，就會漸漸了解一個終極真理：焦慮與憂鬱都只是選擇。

練習作業

第十一章會具體告訴你如何寫訓練日誌。如果你有雄心壯志想先開始，可以用下表記錄每天的進展，往後可以將表格納入你的訓練日誌中。

首先盡量多記錄一些引起焦慮或憂鬱的經驗，填寫步驟一、二、三。等到你能夠認得你的內在小孩反應，和其獨特的言行，那麼你不需要任何協助，也能立刻認出你的內在小孩。

自我對話訓練紀錄表

描述焦慮或憂鬱的經驗	第一步 你能否判斷自己的想法是事實或假想？	第二步 你能否不再聽反射式思維的聲音？	第三步 你能否放下你的自動反射想法，繼續前進？
例如：傳訊息之後，對方卻已讀不回。	是□ 否□	是□ 否□	是□ 否□

10

自我對話展開之後：進行到底

我是看著我兒子賈斯汀的經歷，學到進行到底（Follow-Through）的精神。賈斯汀是普林斯頓美式足球隊的踢球員兼棄踢員，我跟著賈斯汀與他的教練一起訓練多次，常常聽到他們在踢球過後說道：「低下頭，動作要進行到底，你的腿要完成擺動，要越過球。」你以為你的腳一碰到球，球就會飛向天空，不是這樣的，好的踢球效果取決於腿部擺動，腳踢到球後還必須完成整個動作。

在運動界，進行到底的意思就是完成動作，而在自我對話的訓練過程中，當你順利將思緒從內在小孩反應中抽離出來，接著需要進行到底的不是動作，而是**持續深入地理解自己**。

為了讓你順利將進行到底的精神應用於你的自我對話訓練，首先你的自我對話三步驟必須要能做到駕輕就熟，當你能夠熟練地運用自我對話來對抗你的反射思考，接下來就要堅持跟進到最後，這將會加速推動你進步。若你能了解自己的過去經歷，並察覺那些長期干擾你情緒的模式，你就具備主動療癒自己的力量了。

不安全感：一位時空旅人

我在第八章提到穿越時空（第122頁）是沉溺在過去或未來。現在我要請你把與不安全感相關的內在小孩反應，當成一位穿越時空的旅人。如今讓你持續感到焦慮與憂鬱的，只不過是源自你過去殘留的不安全感反射習慣罷了，多年前即已存在，跟著你一起穿越時空到現在。小時候的你在脆弱無助的時候，產生不安全感的動機很單純，只是為了生存，舉例來說，孩子若是有個酗酒的父母，可能會讓他變得情感疏離、追求完美或總是悶悶不樂，因為這樣做可以盡量避開混亂、保護自己。在這樣的環境裡，想藉由控制人生以抵禦不安全感，是一種本能的適應方式，我們可以理解，也很合情合理。

不過原本的動機（生存）如果已經不再是問題（孩子現在長大了，酗酒的父母也過世了），問題就變成，我的所作所為，為什麼還是像怕我那酗酒的爸爸會罵我一樣？答案很簡單，習慣使然。缺乏安全感，再加上你的控制策略，跟著你一起穿越時空，成為你現在的自動反應習慣。你可以改變人生中的許多層面，像是工作、關係、生活方式，但那份深植內心的不安全感，來自內在小孩的習慣性反應，往往最難撼動。你如今面對的，早已不是當年的心魔本身，而是它留下的影子，是盤踞心底的幽靈。

不只是自動反射的思維不斷重現你的過往，現在的你也映照著你的過往，你此刻的身分與樣貌，是你過去所有經歷的累積——無論好或壞。既然過去已融入當下，你並不需要透過不斷挖掘或分析陳年記憶，來對抗焦慮與憂鬱，你需要的一切，都可以從你的內在小孩反應發現。就像是，你可能早就不記得父母在你小時候是如何過度控制你，但只要你仔細觀察，與另一半相處時那些反對或消極的行為，其實都深受內在小孩反應的影響，這其中便已蘊藏足夠的線索，讓你展開一場深刻的自我對話。

透過自我對話，你可以學會消除因不安全感引起的立即性反射習慣，無須深入挖掘自己的過往，你會發現重點是**戒除**這些習慣，而不是**理解**這些習慣。但是——這個但是很重要——意思不是說，即使你能憶起你的過往也派不上用場，正好相反，自我對話是一個機會，如果你了解自己的過去，就更能看出你的內在小孩反應有多不合時宜、不恰當、荒謬：我都四十歲了，到現在還是一副怕我爸對我吼的樣子！那麼過往資料會是有助於自我對話的利器。

”你無須徹底分析過往的一切，才能前進，只要掌握你現在所能接觸到的資訊，就已足夠。“

在尋找相關過往經歷的連結時，請記住重點在於質而不是量。當然，有些人對於過往的事情幾乎能記得一清二楚，有些人只能依稀記得童年的事，重要的不是去分析每一個細節，而是要尋找與你的過往較為明顯的關聯（不需要過度強迫自己去釐清過去每一段可能傷害過你的經歷）。例如一位成年男子發現，他小時候聽見酗酒的父親打開前門時產生的反應，就跟現在的他要跟陌生人見面時感受到的恐懼反應一模一樣。

探究過往雖然有用，但也要記住，你不需要堅持跟進到最後也能順利自我對話，你願意嘗試的每一步都派得上用場。別誤以為解讀過去經歷，就能帶來真正的解脫，那是不可能的，但若與自我對話結合起來，反而會一股成為強而有力的動力，讓你認清，繼續聽從你的內在小孩反應，在當下一點意義也沒有。

內在小孩的動機

假設我長期感到憂鬱，萌生辭職的念頭，我會試著展開自我對話。先從區分事實與假想開始，讓失控的反射式思維列車停下來，最後終於能放下念頭，並且選擇堅持到最後，來支撐著我的改變。我做到的方法是洞悉我內在小孩的動機，我要是知道我的內在小孩為何如此絕望，就能清楚他的運作模式，並強化自己，為與他下一次的衝突做好準備：我的內在小孩想辭職，是因為承受不了這份責任。為什麼承受不了？因為他太害怕搞砸，他不信任我！

你之所以關係疏離或總是擔心一堆事，是因為過往的陰影：我對別人的批評特別敏感，是因為我媽是個控制狂。我做什麼她都嫌不夠好！或者，我當然不會有安全感，我小時候體重超重，大家都取笑我，連我爸媽都笑我。你在不斷摸索的過程中，發現某些控制策略有用有些沒用。

三十歲的秘書蘿萊回憶道：

我媽超會操作內疚感，我快被她逼瘋了，我記得我煩得整晚睡不著，坐著一直哭……有時候都想死了。

我真的不是壞孩子，但是只要稍微失了分寸，我媽就會讓我知道我有多糟，說我「把她搞瘋了」。我努力做個好孩子，在學校表現更好，乖乖聽話，但只要一有狀況，我就會被罵到狗血淋頭。我一點辦法也沒有。

我記得有一次，我跟我媽在湖畔，她叫我去車上替她拿防曬油。我想必是咕噥了一句，我媽立刻氣沖沖起身，罵道：「好，我自己拿，你這個不知感恩、被寵壞的死小孩！」我得想辦法改變這一切，我幾乎都要焦慮到頭暈了。

後來我突然頓悟了，我不知道該怎麼形容這種想法，但我就是覺得我再也不在乎了。看起來似乎是我生我媽的氣，但也不至於，很難解釋。我不喜歡她，我不需要她，我開始疏遠她。高齡十歲的我，開始變得獨立，極度獨立！

這些年過去，我全身長出一個完整的外殼。我發現，只要我自己不在乎，就沒有人能傷到我。很不幸地，我的外殼一直成長，停不下來，我先生說我太冷漠、太疏離，就連我的朋友們都批評我是「冰山公主」。

蘿萊的疏離能保護她自己，她也養成了疏離的習慣。

如果一種控制策略比另一種更能降低焦慮，我們就很可能會一再使用，例如孩子若是有脾氣暴躁的父母，就很容易發展出情感麻木的習慣。情感麻木的孩子學會要多想一下再做出反應，多想一下，能決定這個晚上是在平靜中度過，還是在煩擾中度過。考慮到童年環境，情感麻木這種原始的策略也許會非常有效，成長過程中，你開始強化習慣，這個習慣成為你心理生活中固定的一部分。

在上述的案例，蘿萊的母親已經逝世十幾年，但她對蘿萊的控制策略仍然在發揮同樣的作用。為什麼呢？習慣使然。習慣一旦養成，我們就通常不會注意到，我們會接受它，就像接受自己臉上的鼻子或眼睛的顏色一樣，感覺是我們自己的一部分。

心理傾向分析

在討論進行到底的具體方法之前，必須再強調一次，持續跟進來深入理解自己固然很重要，但即使沒有這些，你也照樣能實現自我對話的整體目標。我強調這一點，是因為但凡要自我探索，若是太依賴記憶與過往資料，就有可能會扭曲、回憶錯誤或誤解。完全依賴過往資料，有時反而會犯錯，搞砸你想做的事。

我在成年之後大多數的日子裡，心中都有一段兒時的純真回憶。我還記得從樓梯跳到我們在樓上的家，我也不知道我為何會記得這個，我就是記得。

在我很小的時候我們搬離那個房子，多年後在房子被拆掉的不久之前，我重遊舊地，待在空蕩蕩的房子裡，眼前的景象讓我震驚不已：到我們家要走十三層階梯，這十三層階梯分成兩段，首先要直直往上爬十階，右轉，再爬三階。然後有個東西吸引了我的目光，階梯上方的天花板大約有六．五英尺高，不要說是小孩子，任何人想跳過這些階梯，都要往上跳，在空中旋轉九十度，然後再繼續爬梯，而且因為天花板很低，所以不會有任何弧度。只要跳過遠距離都知道，為了要跳得夠遠，除了往上還要往前跳，才能對抗重力，所以無論是我還是任何人，都不可能跳過這些階梯。

我覺得這段記憶，是來自我所謂的**清醒夢，你留下很真實、很深刻的印象，最後把它當成真實事件，納入記憶中**。你要是在我重遊故居之前遇到我，我就會生動地告訴你我那歷史性的一躍，那從未發生過的歷史一躍！

我們可能在不知不覺中重新檢視、改變，甚至發明自己的過去，所以我認為很重要的一件事是，**就算要分析過去，也要抱持健康的懷疑心態**，而且不要把分析過去當成解決焦慮、憂鬱的最佳路徑。

在你與內在小孩搏鬥的過程中，能釐清與過往的關聯當然是好事，但不要以研究過去取代你的自我對話訓練。

如果你發現自己無法找出任何與過去有關的連結怎麼辦？若是你可以輕鬆地察覺一些你注意到的熟悉情緒或行為模式，那也很足夠了，這就是我說的心理傾向分析，或者簡單來說，就是觀察你生命中反覆出現的模式，不一定要準確地指出與之相關的特定記憶，比如：「我不知道這是源自何處，但我從小就很害羞、很退縮。」或「好像我一出生就憂心忡忡，我不記得自己有哪段時間是沒在煩惱的。」都是可以的。

不過，有時候即使是長期存在的心理傾向也可能不那麼明顯：我覺得我可能有親密恐懼，或者是，我應該是太過完美主義了，我不太確定。如果你不知道或不確定自己的心裡傾向，儘管大膽猜測也沒關係，現階段先不用擔心你的判斷會不會錯，因為目前的重點是多加練習，而不是追求正確性。

心理傾向分析是進行到底（持續深入理解自己）中一項強而有力的工具，且由於你不需要找到歷史根源，它通常可以透過簡單的反思與觀察來完成。

積極的進行到底

你也許認為想深入了解自己，是被動地將過去與現在連結，但其實不是。積極的進行到底精神，不只是試圖透過過往經歷或心理傾向分析，來解釋你的自動反應行為，更是主動地將你的觀點轉向一個更健康、更不受茶毒的角度。

看看下頁例子。上欄是被動、無助、受害者的話語（內在小孩主導），與下欄進行到底的說法比較，下欄的話語都是主動、有建設性的：

被動的受害者言論	主動的進行到底
我每次說「不」，都會感到內疚。	我為什麼覺得我沒資格說「不」？我不知道，也許是因為我小時候，有人把肥皂塞進我的嘴裡。但我知道事實是我**可以**說「不」！我為什麼不允許自己這樣做？
我在別人面前都說不出話來。	我在別人面前為什麼會焦慮？是因為脆弱嗎？我是不是覺得一定要做到完美？就算爸媽對我始終不滿意，我也還是可以學著信任自己，不要太擔心搞砸。
關於變老這件事，讓我好沮喪。	我為什麼覺得變老這麼可怕？是因為失去性魅力、外表或健康？也許只是因為感覺對人生的掌控下降。我一向很吸引人，現在大概沒辦法了。我需要的是深層的安全感與自信——不只是表面和物質的東西。

你若是被過度誇大、小題大作的被動言論影響，就會感覺自己越來越差，一旦被恐慌、焦慮痛擊，將會一蹶不振，覺得越來越無力、無助，無法解決問題。相較之下，下欄的主動進行到底所說的話，一開始就主張失控並非永遠不會改變的狀態，而是可以解決的問題。

當想法變得荒謬的時候

只要研究「為什麼」，就能了解你的生活為何不理性。你會感到很意外，那麼多控制敏感的人每天只是埋頭苦幹，盲目地接受自己硬塞給自己的命運，從來不會想到要問為什麼，他們就只是接受自己該這樣生活。當你真正堅持進行到底的時候，在每一個階段問自己：「我為何這樣做？」你會發現，你其實始終有選擇的自由。你一旦發現自己是有選擇的人，想清楚「我為何**選擇**這樣做」，就再也不會受到控制的迫害。受迫害，顧名思義，是沒有選擇權的。你理解了自己「為什麼」想要控制，就會漸漸明白你的不安全感的動機。察覺一切之後，就會看清你不經大腦的反射式思維有多原始。

> **問「為什麼」，是理解你有所選擇的第一步。**

如果你不相信，想看看反射式思維究竟有多荒謬，且讓我談珍的故事，看看她遭受的卷髮災難。

珍是位年輕有活力的律師，有天一大早打電話給我，聲音滿是恐慌，因為「今天的髮型搞砸了！」（我沒跟你開玩笑，她真的這樣說）。她說：「再過三小時，我就要開這輩子最重要的會議。可是你看我的頭髮……我看起來好像清潔婦！我這下子不能去開會了，怎麼能見人呢？

這太可怕了……我怎麼能讓人看見我這個樣子？我該怎麼辦？」

我的職業生涯中被很多事吵醒過，但這還是第一次被髮型弄砸的事故吵醒。就算想體貼別人，但只要稍微有點理性，也不可能把這件事當成危機。偏偏珍就覺得是世界末日。她說：「我真不敢相信，髮型弄成這樣，我的機會也要飛了。我今天真的沒辦法見人……我這個樣子沒辦法見人！他們只能把案子交給賴瑞做了。」

你我隔著一段距離看著珍的恐慌，就會很清楚她的髮型搞砸只是一件小事，但看在她眼裡，卻是一件大事。任何人都希望自己能有亮眼的外型，多數人若是沒將外表打理好，心情都會沮喪，但難道會因為頂著一頭卷髮，就會失去畢生難得的機會？希望不會。

那你呢？你上一次小題大作是什麼時候？

過往經驗的教訓

以珍的例子來說，要是能稍微了解她的過往經歷和一些心理傾向分析，就能持續跟進探討，來釐清她為何會這樣反應過度。首先，可以了解她對於自身專業形象的評價，以及她為何會有這樣的評價。想研究過往經歷，不需要博士學位，也不需要多年診療，只要發揮一點常識即可。

珍的父母自私冷漠，對她的教育說好聽是疏忽，說難聽簡直是嚇人。舉個例子，珍的母親常常忘記做晚飯給她吃，她的母親說：「喔，抱歉，媽咪剛才吃過了，就忘了幫你弄晚飯。我這就去弄。」珍在被忽視的環境中成長，強烈的自卑感始終籠罩頭頂，多年來飽受困擾。這份自卑感並沒有埋藏起來，珍很清楚感覺到，但她只是默默接受，當作人生的一部分。

珍在成長過程中，唯一的慰藉來自學校。她的外型跟知名童星秀蘭・鄧波兒（Shirley Temple）一樣可愛，讀書又孜孜不倦，很快就得到老師們的歡心，在學校唯一重要的就是贏得關注與讚揚，她也真的把這些當作救贖，她在家中得不到的自我價值，在學校都能得到。她只要能控制她的形象，誰都不會知道她內心的感受，不知道她**實際上**覺得自己多沒價值。珍每一科都拿A，從小學一直到法學院，每個階段都是全班第一名畢業，她在目前任職的法律事務所很快就表現傑出，大受歡迎，所裡也安排她與高知名度的客戶合作。她總是付出百分之一百一的努力，也對工作狂的稱號感到自豪。

她擁有璀璨的前途，但始終沒能走出童年的自卑情結，從心理傾向分析顯示，她覺得自己是冒牌貨。她的成長過程中，始終覺得父母是對的，即使離家多年後，她還是深信，要是有人像她父母一樣了解她，就會知道她有多沒用。她不惜一切代價，要阻止這個祕密曝光。

難怪珍會拚命想控制人生。她很努力控制別人對她的認識、感受、想法，以及人們眼中的她是什麼樣子的。她覺得嚴加控制很有必要，因為她很沒用的祕密絕對不能讓人發現。

珍那天早上急匆匆打電話給我，是因為無力控制她精美的外表。形象破滅的她感覺好脆弱，她生命中的一切，都是以控制的細線勉強維繫，如今她又感到好赤裸裸，一種久遠以前她很熟悉的情緒潰堤，淹沒了她。她想像她的同事們看見她這副模樣，會覺得以前太看得起她了，也就不會想跟她來往，最後還會排斥她，就跟她父母一樣。

聽起來是不是很誇張？但你把珍缺乏安全感的過往，與她多年的行為模式放在一起看，就能了解她為何如此誇張，她的反應清晰地展現出事情如何從小題變大作，用她的情況來說就是壞髮型小題演變成情緒崩塌大作。珍的經歷也讓我們看清控制的本質：是不安全感引發的。

不安全感是控制依賴的根基。珍的不安全感顯然與她的能力無關，她從小到大都是耀眼的明星。她的不安全感其實是她內心深處毫無自我價值的延伸，她的表現不過是在掩飾她隱藏得很好的祕密。

區分事實與個人的假想

在治療過程中，珍堅韌的個性和成熟的工作態度，是消滅她的不安全感不可或缺的利器。她運用自我對話和進行到底的精神，以及這本書介紹過的各種自我對話的訓練方法，很快就開始區分事實與她個人的假想。她更真實的全新自我形象，給了她長年欠缺的慰藉與安全感。她學會一個簡單的事實，一個終究會讓她自由的事實——她發現她很好，不會有事。應該說她發現她向來都很好，只是她自己不知道而已。

珍也了解到，她小題大作的習慣讓她特別容易焦慮，因為她無法感受到自我價值。她小時候顯然沒能力對抗不安全感，哪個小孩有這種能力？她頂多只能學著控制自己的周遭環境，以避免痛苦。

珍的安全感快速增長，但她還有最後一個問題要解決。**知道**她自己很好是不夠的，這並不難，她必須**感覺**她很好。想覺得自己很好，就必須帶著信念，走進未知的領域。自我對話的練習消除了她的困惑，她的選擇很簡單：她應該被扭曲、草率的想法左右，還是應該相信事實？珍主動選擇事實。是的，她必須克服所有神經質的想法，要冒著風險相信——**真正**相信——她很好，她只要相信，控制的需求就會漸漸消散。

看見、了解你的「事實」（客觀看待自己），只是成功了一半，另一半是要相信自己看見的，要接受，也要實踐。你被反射式思維傷害太久，所以一開始也許很難區分真正的事實與神經質認定的事實，有個基本原則是，對太過負面的「事實」存疑，好比：我就是一個酒鬼、騙子。我只在乎我自己，其他人我全不在乎，我不在意我傷害了誰。人生爛透了。當這些念頭浮現，請一定要去質疑。

只要在良好的環境，內心有安全感，而且有積極正確的思考，就一定會發現真正的事實是正向的，也與其他事實相容。之所以會有虛假、負面和有害的謊言，是因為不安全感引發了扭曲的思想。現在的你只需要對自己有信心，相信自己可以繼續改正曲解的反射式思維，真實的你就會自己浮現出來，就像被雲層遮住的山頂，耐心等著你發現。另外也要知道兩個重點：

一、自我對話與進行到底的方法能消滅內在小孩，讓你了解真實的自己。

二、了解真實的自己只是成功了一半，另一半是要接受。

你可以跟珍一樣，學會放下控制欲，相信自己有能力應對人生，這可以藉由基本訓練做到。就像跑馬拉松，要每週進行長跑訓練，為自己打好基礎，沒有好的基礎，不但可能無法達成目標，還有可能受傷。心理自我訓練就像馬拉松訓練，需要打好基礎，自我對話與進行到底的方法就是要幫你打好基礎。一切都是建立在清明的心智上，打好了基礎，就準備出發。

被勾住了

以下是心理傾向分析一種簡單且實用的延伸方式：試著找出你的「鉤子」。鉤子是你經常會被勾住的某種傾向或模式，在珍的故事中，她的鉤子是髮型搞砸的那天。每當你的不安全感被勾住時，就很難維持客觀的觀點，一旦失去客觀視角，就會開始陷入如下圖的惡性循環。

下列是幾種常見的鉤子，是否覺得很熟悉？

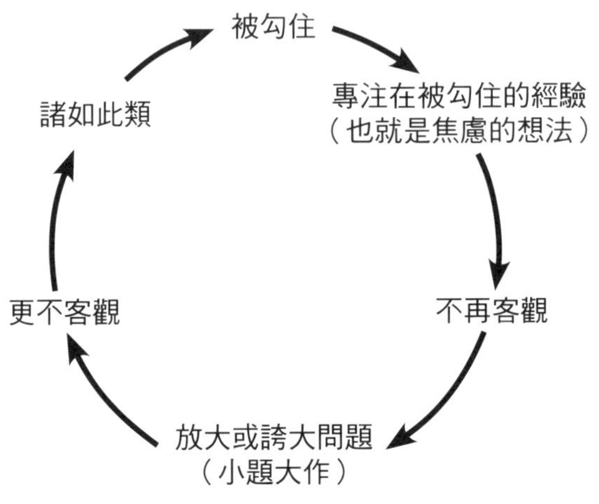

- 馬路上紅燈亮了，你會不會焦慮？塞在車陣裡動彈不得是否讓你更焦慮？
- 你是不是很難接受批評？你受到批評後，會不會想反駁？
- 你每次失敗，是不是感覺都像世界末日？
- 你碰到不喜歡的工作，是不是要做很久才會完成？
- 你是否怕待在橋上或隧道裡？開放的環境或電梯呢？
- 你會不會因為跟別人起衝突而焦慮？
- 你是不是很難向人求助？
- 你生病的時候，痛苦的感受是否更強烈？
- 你是不是很難接受任何人對你生氣？

上述任何一項小毛病都有可能成為不安全感的鉤子，也會很快變成大問題。

最後一個訣竅：找到不安全感的線索

希望你已經明白，自我對話與進行到底有多重要。只要消滅內在小孩的思路，就會同時開始擺脫過往那種因為不安全感而產生的本能反應，能量與活力會更自然流入你的生活。沒有反射式思維的消耗（要記住，疑慮、恐懼和負面思考不只會改變你的情緒，也會改變你的化學反應），你也會開始恢復自然的化學平衡，確保焦慮與憂鬱再也不會掌控你的人生。

在這個階段，你開始訓練的時候，是處於漏斗寬的一側，每個資訊都可能有用。久而久之，你越靠近特定的不安全感陷阱，會變得更加敏銳、更具辨識力，但現在請試著最大化你的成長機會，學會捕捉所有不安全感可能出現的線索，想抓住這些線索，只需要一個簡單的態度轉變：不要再將不安全感視為威脅，而是**把每一次的掙扎（任何形式）視為進一步訓練自己的機會**。基本原則是要提醒自己，任何使你感到焦慮或沮喪的原因，起先一定是因為反射式思維，**問自己：「在我心情如此低落之前，究竟在想些什麼？」**

焦慮與憂鬱有時就這樣莫名出現，所以你以為我沒做錯什麼，莫名其妙就變成這樣！這句話只對了一半。也許在你在深受打擊的時候，並沒有主動滋養你的不安全感，但你若想知道低潮的原因，就要了解反射式思維是會累積的。想像一個天平，你大部分時間要是都在反射性地擔憂、糾結、懷疑、誇大，你其實是在累積會讓天平往一側倒的垃圾，天平遲早會轟的一聲傾倒，於是你覺得自己莫名其妙落入了焦慮與憂鬱的魔掌。

正如同反射式思維的有害效應是會累積的，自我對話的有益效應也會累積。每一次增強自信，消滅不安全感的努力都會累積，最後會讓天平朝著對你有利的方向傾斜。你還在等什麼？

你一開始會覺得很驚訝，你的內在小孩竟能一天到晚在你的人生呼風喚雨。以下山姆的故事證明，負面經驗也能變成發掘不安全感線索的好機會，引導你更深入理解自己。

山姆最怕每天早上搭公車去曼哈頓，尤其是跨越喬治華盛頓大橋的時候。他每次在橋上都會恐懼慌亂到極點，每逢星期日晚上一想到週一要開始上班，早上又得搭公車通勤，他就異常焦慮。他為了不想通勤，甚至考慮辭去現在這份薪資優渥的工作，改到紐澤西上班。他也就是在這個時候打電話給我。我們運用自我對話，開始導正山姆的思考方向與思考方式。他不再把喬治華盛頓大橋當作令人懼怕的陰影，而是當成學習的機會，就像是成為一個老師，他可以為他的內在小孩提供線索，幫助那個受驚的自己理解，那些恐懼與恐慌其實是來自一個早已曲解的世界觀。當他帶著好奇心看待這一切，情況也很快出現轉變。

山姆每天出門上班，都決心要「捕捉」一些不安全感線索，他幾乎把這個當成遊戲。他的好奇心也開始對抗他的焦慮，他一察覺到自己的焦慮，就回溯自己的想法，找出內在小孩的扭曲念頭。他不再被動承受焦慮，現在他越來越積極想看到大橋的底細，他發現他把大橋當成一種正面的挑戰，當成自我成長的良機，焦慮很快就消失無蹤，他也感到很高興。

事實是，山姆的大橋恐懼症只不過是他的內在小孩反應產生的扭曲認知，讓他以為自己不安全（無力控制）。他的內在小孩依據這個歇斯底里的想法，想像出一幕幕電纜斷裂、從高空落入哈德遜河的畫面。山姆的內在小孩其實只是在尋找能延續他的不安全感的鉤子。

你也要跟山姆一樣，勇於面對人生的挑戰。當你長期陷於被動、掙扎，深受傷害，你會發現，只要主動轉換觀點，一切都截然不同。在捕捉不安全感線索的過程中，我還有最後一點建議：**觀察，但不要沉溺**。如果你無法輕易回溯自己的想法，無法找出你的內在小孩反應的模式或鉤子，也無法與過往經驗建立連結，那就繼續前進。你下次還會有機會抓住這些小混蛋。你最不需要的就是沮喪，沮喪只會讓你更焦慮。

練習建議

每天都要留意衝突、掙扎，或心理拉扯的感受（要記住，衝突與掙扎都是找到線索和鍛鍊心智肌肉的機會）。使用類似下列引導，記錄你的反應（你在下一章會了解該如何寫下訓練日誌，這些資料都是記錄的重點）。

練習一：內在小孩反應的控制經驗

尋找那些荼毒你生活的想法。例：「我很在意我的外表。」

練習二：相關的過往經歷連結

尋找那些與你目前掙扎有關的往日事件或經驗，以便持續跟進理解當下的困境。例：「我小時候因為過胖常常被取笑和欺負。」

練習三：心理傾向／鉤子分析

當你對某些事件過度反應、小題大作，就要尋找你常被這類反應勾住的情境（如：塞車、讓你產生防備的事、特定恐懼等）。熟悉這些鉤子，以免你的內在小孩突然出現。你的行為模式（傾向）也同樣要留意（如：防衛心、完美主義、害羞等）。例：「我的心理傾向是，不管怎樣都覺得自己不夠好。」或「每當看到身材好的人，我就會立刻陷入沮喪。」

練習四：主動與被動的進行到底

檢視你在自我對話的訓練過程中有無任何被動之處。記住，被動思考就是把自己當成受害者的想法。任何會讓你覺得無力、無望或懷疑的想法，通常都需要轉化為更主動的態度。例：「我受夠這些膚淺想法與不安全感！從現在開始，我要計算每天照鏡子的次數。」

練習五：從不安全感中捕捉成長的線索

轉換你的觀點，要明白，每一次掙扎都是學習的機會。例：「我不再只是坐在海岸邊，以為這樣就能躲起來，我要鼓起勇氣走進水裡冒險。我準備好要去聽我那荒謬的內在小孩聲音，我懷疑自己會聽到一堆胡言亂語。」

11

讓自我對話持續有效：動力

恭喜。看到這一章，就代表你已經完成自我對話訓練的第一與第二階段。你現在對於自己的焦慮與憂鬱，已經有了基本的了解，然而，你的訓練計畫要想**保證**成功，就必須增加最後一個要素：動力。是的，你沒聽錯，我確實說了你能保證成功，只要你有正確的態度。

調整態度：轉換

我們在上一章討論過要將被動的受害者言論，轉換成積極正面的想法。在這一章，你會了解應該要怎麼做，才能夠完成這種轉變，重點是要找到並維持對的態度。至於什麼才是對的態度呢？簡單來說，就是相信自己一定做得到的態度。

態度與動力的差異是什麼？態度是一種心理取向，是一種情緒，像是「嘿，我是好人」。態度塑造了我們這個人，你的態度若總是讓焦慮與憂鬱趁虛而入，生活自然會變得辛苦許多。但如果你選擇一種更健康、對自己更好的心態，會發現你的心情將輕鬆許多。動力則是讓一個態度能夠持續下去的能量，如果說態度是一把火，那麼動力就是讓這把火不斷旺起來的風。

調節態度不見得困難，關鍵只是改變你內心的立場而已，有時就跟撥弄開關一樣簡單，只要你願意調整，那些原本讓你沮喪、困住你的負面情緒，都會被你渴望改變的決心與渴望取代。回想你人生中那些按下開關的時刻，也就是你覺得受夠了、決心再也不忍受的時候。如果你在生活中找不到這樣的例子，那就看看下表的態度調整比較。

缺乏安全感、片面的態度	**調節好的態度**
我辦不到！太難了。我撐不下去了，何必繼續下去呢？	好，現在要搞清楚。真正的事實是，我可以繼續下去！我是很累沒錯，但我不願意繼續這樣活著。從今天起我要堅強起來！
我怎麼知道我能處理好接下來的人生？	我這麼多年不是都生存下來了嗎？顯然我有這個能力。我應該放膽相信我知道的事實。我做得到！
萬一沒人喜歡我怎麼辦？	當然會有人喜歡我。我要參加那場派對去交朋友，要高高興興的，也要玩得開心，反正又不會少一塊肉！

我辦不到，我太害怕了！

沒希望了。

害怕是很正常的。但事實是我能做到！我內心那個沒有安全感的小孩希望我認為自己做不到，就不會痛苦。但絕對做不到的是那個小孩，不是我。

我受夠無力感了，我一直覺得很糟，再也不想這樣了。我應該要有更好的生活。

美國喜劇演員喬治．卡林（George Carlin）曾說過一句名言：「如果你想失敗，也真的失敗了，那你到底是成功還是失敗？」想讓你失敗的，其實是你的內在小孩反應，別再縱容那個內在小孩了，找出你的反擊之詞，然後身體力行活出你自己。

這一切，其實都是一種催眠

你對自己說的話，還有你的信念，是自我對話訓練的基石。懷著焦慮與憂鬱，你會在無意間讓不安全感的疑慮、恐懼和負面思路，說服你走入苦苦掙扎的人生，這是一種自我催眠。你覺得被催眠會發生什麼事？只要揭開催眠的神祕面紗，就會發現催眠其實只是讓當事人接受並相信催眠師的暗示。從某方面來說，催眠師就是推銷員的角色，要讓你相信催眠的建議。

我多年前常常幫人催眠。我發現只要我在燈光、聲音、時機和表達方式上多花點心思去營造氣氛，催眠的效果就越好：「你正一步一步進入完全放鬆的狀態……聽我的聲音就好，其他都不要聽……越來越深入……什麼都不要想，只要聽我說就好……」患者想要尋求神奇又速效的解決方案，所以通常樂於被催眠，我做得越符合他們的期待，效果就越好。無論是戒菸、減重，還是克服對飛行的恐懼，催眠都能奏效，而且頗有成效。後來我之所以不再進行催眠療法，是因為催眠雖然能觸發行為的變化，但這種變化卻難以持久。

催眠師有一個很自然的優勢，那就是在催眠的情境中，被催眠的人往往會不自覺地把力量和掌控權交付給催眠師。這種催眠的力量確實存在，但不是來自催眠師本身，而是來自患者！那是心靈的力量。你必須阻止那些讓你越陷越深的反射式負面思維，以免它們悄悄催眠了你，你該做的是要轉向一個更健康、更能面對生活挑戰的信念。在生活中，你若相信自己有移山之力（也就是自我催眠），那就真的能夠撼動大山。力量一直都在，你只需要接受它，也要知道自我暗示是有用的。要大膽嘗試！

正向態度＋動力＋自我對話＝成功

建立希望、欲望、自信和信任的態度是第一步，但若是沒有足夠的動力，就很難維持這樣的態度，幾乎可以說是不可能維持。你可以把動力想像成是帶動你前進的內在能量，支持你在自己的步調裡，一步步穩健地走向更健康、更豐富的生活。一個重要的問題是，如何動員你的正向能量？首先要做你自己的教練。有兩個重點要注意。

一、你無法指導動力，只能慢慢培育動力。

二、好的教練擅長激勵別人。

如果你的目標是消滅焦慮與憂鬱，記住，光靠這些技巧與訓練是不夠的。技巧與訓練必須與正確的動機結合，否則你距離山頂還很遠，心力就已經耗盡，而你也只能聳聳肩，說自己浪費了時間。但丁在《神曲》中，由維吉爾（Virgil，編按：古羅馬詩人，在《神曲》中帶領但丁遊歷地獄和煉獄）引領，走過地獄的深處。維吉爾代表人類的理性與理解，帶但丁走在正確的道路，避免誤入歧途。在自我對話的訓練道路上，你的訓練計畫就是你的維吉爾，一路引導你深入理解自己。但你會像但丁一樣發現，理解只能發揮一部分作用，你還需要別的東西，最終才能擺脫困境。但丁需要的是另一位嚮導，也就是代表神聖的希望與愛的貝緹麗彩（Beatrice，編按：傳說是但丁年輕時愛慕的女性）。你要是沒找到你的貝緹麗彩、你滿懷希望與信念的態度，你的訓練計畫就無以為繼。

維吉爾與貝緹麗彩代表理解與希望、領悟與動力，你兩者都需要。自我對話能教你領會，而**讓這份改變持續下去的動力，來自你自己**。

加油打氣

好，我們現在來加油打氣一下。加油打氣是態度的另一種開關，唯一的差異是，加油打氣不只是要調整你的心態，也點燃你的動力。相較之下，心態調整偏向理智層面，是要將你的思路導向更健康的方向，而加油打氣則更熱血一些，讓你情緒高昂去奮鬥。很久之前有一檔電視廣告，一位先生用力往自己的臉上拍了些鎮靜肌膚的鬍後水，然後說：「我需要這個。」加油打氣正像是這個搶眼的拍打動作，能夠喚醒、動員你的能量。

一番有效的加油打氣，能帶來積極進取的態度，因為你已經可以用重新調整過的態度和熱烈的動力，與你的內在小孩反應正面對決。不過，不要小看你的對手，你的直覺反射一定會拿出一堆歪曲、狹隘的態度對付你，以下是幾種你可能會遇到的壓抑態度：

- 「是這樣沒錯，但是」
- 「我辦不到」
- 「我應該」
- 「我必須」
- 「萬一」
- 自我貶低的話語，如：「我不夠聰明（強壯、高大、漂亮、英俊、富有、學歷、成功）」
- 發牢騷的話語，如：「太困難（太沉重、太混亂、太複雜）」

我們來一一駁斥這些說法：

態度壓抑的話語	**加油打氣**
是這樣沒錯，但是……	沒有「但是」，只需要**是這樣沒錯**，句點！我可以夠強壯，我也會夠強壯，不需要一直否定自己身上的每一個正面特質。再也不要說「但是」！從此我要勇於說出「是的」，不再懷疑。
我辦不到……	誰說我辦不到？也許是內在小孩這樣說，反正不是我說的！我只要願意勇敢相信自己，就能夠成功。是的，我願意放手一搏。現在就可以！
我應該……	我不需要強迫自己。我的內在小孩就算不喜歡，那又怎樣！我可以接受，我**會**接受。
我必須……	胡說！我不想做的事，誰都不能逼我。我只需要夠堅強，能接受這一點就好。我也確實夠堅強！
萬一……？	我不需要預知人生，我只要夠堅強，能過生活就好。我相信我能承受人生的挑戰，而且不必一直活在恐懼中。看我的！

我就是不夠聰明……

太困難了……

我夠聰明，知道我的內在小孩想找藉口。我不需要有不一樣的作為，只需要有不一樣的想法——正向的想法。我夠聰明。

是很困難，但我能搞定。無論我的內在小孩反應帶給我什麼挑戰，我都能面對。我拒絕投降，選擇成功！我可以搞定一切。

對自己加油打氣，是一個堅強起來的機會，這是唯一可以有二元對立思維的時候，沒有不堅定的空間。你只專注於你的目標，任務是讓你的團隊做好準備，迎向未來的挑戰。

你應該去扮演教練的角色，而不是只想像自己是教練，要脫離你的內在小孩劇本，進入名教練的劇本。身為教練，你知道你的團隊需要一個只會正向思考、鼓勵隊員的教練，沒有懷疑、猶豫的空間。為自己加油打氣時，要給自己足夠的時間適應教練這個角色，一旦適應了，人生就會相當精彩。

你之所以需要不斷為自己加油打氣，是因為慣性在作祟，**慣性**就是你抗拒改變的天性。即使你陷入焦慮、憂鬱中，你的內在小孩也還是想要維持現狀，畢竟與熟悉的惡魔共事，總好過面對未知的敵人。

想克服負面的反射思考與慣性，首先要知道這些念頭出現很正常，關鍵是要有心理準備，也要能迎頭痛擊！你必須鼓勵自己，常常為自己加油打氣，記住下列重點：

- 有些慣性是難免的，會有疑慮很正常。
- 勵志的陳腔濫調很有用！找出適合你的，好好運用。
- 想像自己是在場邊雀躍走動的「教練」，時時為自己加油打氣。

你是自己的教練和啦啦隊，一切全由你自己決定。當深陷焦慮與憂鬱的深淵時，難免會覺得走不下去，這時你最需要的就是加油打氣。無論你覺得多麼疲憊不堪，都要撐下去，等找到機會再試試。運用自我對話長期努力累積，才能掙脫反射式思維對你的心靈束縛，每一次對抗內在小孩的機會，都能讓你更強大，心靈更自由。

是時候跨出第一步了

希望我跟 Nike 那群人一樣聰明，這樣就能給你一個「Just do it」（做就對了！）之類的座右銘。但你的動力不是我可以給你的，也不是一句簡單的口號就能給的。正面思考、正向肯定，甚至加油打氣固然重要，卻只是解決方案的一半，另一半是正面的信念（要拋開反射式思維的疑慮、恐懼和消極）。只要懷著信念跳出第一步，相信自己做得到，你就真的會做到。

你會發現最好的口號與打氣，還有你所有的動力，都在你的心裡。要不要相信自己，一切都取決於你，跨出相信自己的第一步，也許會覺得危險，但相信我，那只是你的**感覺**，其實沒那麼危險。你已經痛苦夠久了，現在該採取行動，現在就打造你該擁有的生活品質。

你的內在小孩反應無權主導你的人生，除非你不斷給他力量，才會一直存在。反射式思維之所以能為所欲為，是因為你在無意間縱容他，但你現在已經知道不需要再這麼做了，而且也沒有別的藉口繼續忍受這些負面思維。

希望我的方法對你有益。我自己使用了很多年，也用在我的患者身上多年。就我自己的經驗，我可以告訴你，你尋求的答案並不複雜，而且其實很簡單，目標很單純，就是要戒除反射式思維的習慣，僅此而已。

統整一切：訓練日誌

我訓練自己跑馬拉松，發現訓練日誌不可或缺，例如記錄下路程長度、時間、天氣、身體狀況、心率，甚至心情，就能分析、理解自己的訓練情形。幾年前，我發覺我跑馬拉松的成績和耐力不斷下降，卻找不出原因。我翻開訓練日誌，察看前一個月的幾筆紀錄，沒看幾筆就發現每週三的爬坡練習結束後，接下來我的完成時間與速度常會嚴重退步至少兩、三天，等到成績回升，下一次爬坡訓練的時間又到了。結論很明顯，我劇烈運動過後並沒有完全恢復！我後來改成在爬坡訓練過後休息一天，你猜怎麼著？我的成績不但回升，還突飛猛進。

最後一個環節（往往也是最重要的），就是進行到底，繼續撰寫訓練日誌。無論是跑馬拉松，還是記錄自我對話的進程，都需要參考訓練日誌，才能有所領悟。有時候從紀錄可以得到驚人的發現，有時候則是隱約可以看出，你逐漸突破你的內在小孩的防線。察看紀錄，你就能通盤了解你的計畫與努力，也能持續看到回饋。依據紀錄內容，可以針對你的日常訓練，做出一些敏銳的調整，或至少你可以理解你的生活與你的痛苦之間的關聯。

在需要動力的時候，你的訓練日誌是你最好的資產，想推翻有害的心態，還有比訓練日誌更好的地方嗎？特別要留意你的內在小孩反應，對你自己有害的態度和用字遣詞有哪些。你是你自己的教練，也要激勵你自己，該做的是呈現與內在小孩相反的觀點（健康觀點），即使你自己起初不完全相信這樣的觀點，也還是要繼續這麼做，可以當成是一種培養勝利心態的練習。當你的內在小孩反應是「不」時，你就必須說「是」；說「黑」的時候，你必須說「白」。寫下你的回應，好好思考，只要出現一句正向的自我肯定句，比如「我可以很好」，請反覆練習，千萬不要低估一再重複正向肯定的作用。

雖然我建議依照先前幾章介紹的訓練建議與練習格式，來撰寫訓練日誌，但你可以自行選擇正式或非正式的寫法。如果你寫著寫著，覺得變成苦差事，那就要特別注意，這通常代表你從中得到的收穫不多，也許你該貢獻更多內容。但也不必著急，寫紀錄是對於一天事項的重要總結，也應該是你的計畫不可或缺的一部分，一定要常常檢閱你的紀錄，觀察你每天的紀錄，才能真正了解你進步了多少，又有哪些問題。

我建議的訓練日誌規格，應該包含四個重點：

一、你的自我對話練習
二、持續跟進理解自己
三、特定事件、領悟，或日常觀察
四、本書中相關的練習紀錄

只要寫過日記就會知道，寫著寫著常有重大發現，有些甚至會讓自己大吃一驚。寫作動用的大腦區塊與思考不同，尤其是不去想太多，想寫什麼就寫什麼的時候。例如，你會感到很驚訝，你的紀錄這麼快就揭露你的內在小孩反應的細微差異，或是突然就發現你的不安全感的起因。從你的紀錄得到的客觀回饋，也能讓你繼續保持動力，所以最好不要省略寫訓練日誌。

既然訓練日誌會是你努力過程的重要文獻，最好買一個合適的活頁夾、日記本或筆記本，才能凸顯紀錄的重要性。我在本書最末附上一個訓練日誌格式範本，你可以直接套用，也可以個人化調整。不需要每天花一堆時間填寫每一筆訊息，只要依據你當天的需求，選擇合適的紀錄表填寫就行了，例如，你今天可能努力將注意力放在與家人的互動，不去回應內心那個缺乏安全感的小孩的呼喚，這個情況就很適合填寫「學會放下思緒」的紀錄表。

建議你將每一種紀錄表都列印許多份，放入活頁夾，每次有新的內容要寫，就使用一張。你的紀錄應該重質不重量，盡可能寫得詳細一些，萬一時間不夠，就只寫當天最重要的心得。但如果你發現自己太執著，接近強迫症的地步，就先暫停一下，放輕鬆，不要有強迫性、死板或完美主義傾向。我們最不想看到的，就是你的訓練日誌淪為內在小孩的工具。

你可以今天就開始記錄，越快開始累積資料越好。

練習建議

加油打氣

你一定要熟悉也要習慣對自己加油打氣。每天都要找機會想像自己是教練，在中場休息時間發表一番熱血沸騰的演說，要堅定，最重要的是要能鼓舞人心，找到「積極進取」的態度，也要提倡這種態度。你將會驚喜地發現，為自己加油打氣，竟然有這麼強大的效果。

找出你的指導風格

你可以仿效你所認識的每一位強大心靈導師（教練、老師、牧師、師傅）的執教風格，諸如美式足球教練克努特．羅肯（Knute Rockne）、前第一夫人愛蓮娜．羅斯福（Eleanor Roosevelt）、二戰時的喬治．巴頓將軍（George Patton）、德蕾莎修女、馬丁．路德．金恩博士等歷史人物，或者想像一位虛構的教練，總之要選擇一個能振奮你心的人。

第四部

自我對話練習：給不同特質的你

12

給瞎操心的你

還記得我讀小學的時候，在報攤第一次看見*MAD*雜誌，封面是個男孩漫畫，他的齒縫很大，滿臉雀斑，頭髮亂蓬蓬，笑容很狡猾，我看了好著迷。他臉上有一種逍遙自在的表情，彷彿完全不受煩憂的人生影響。無論那表情是什麼意思，都讓我永難忘懷（都過了快五十年，我還是印象深刻！）

想到有人如此逍遙自在，如此快意人生，我的臉上也泛起微笑。那位封面男孩就是虛構人物艾弗德・紐曼（Alfred E. Neuman），顯然他知道一些我完全無法想像的東西，他的口號是：「我怎麼會煩惱？」也呼應這一點。很多年來，我的口號都是：「我怎麼可能不煩惱？」我跟艾弗德不一樣，我有個很不體面的稱呼，叫「瞎操心」。

如果你覺得自己總是瞎操心，那你一定很熟悉擔憂的滋味。現在你已經知道，你的內在小孩反應最擅長的就是擔憂。你要是覺得自己常常擔心，那你一定很熟悉「萬一」二字。「**萬**一我的牙齒要根管治療怎麼辦？」「**萬**一她問我去了哪裡怎麼辦？」「**萬**一我被抓到怎麼辦？」「**萬**一我失敗怎麼辦？」「萬一」是瞎操心的人抵禦失控的第一道防線。生病、犯錯、搞砸、措手不及、感到屈辱、尷尬，只是瞎操心的人眾多煩惱的其中幾項。

> **"把小事放大的思維模式，會曲解、誇大你對「失控」的感受，而擔憂其實就是一種神經質的方式，試圖奪回控制權。"**

擔憂有什麼問題？

偶爾小煩憂一下有什麼問題？對大多數人來說，沒有問題。但對於瞎操心的人來說，絕對不是小煩憂，也不是偶一為之。煩憂，尤其是長期的煩憂（也就是焦慮、憂鬱的基石），會讓心理付出極大的代價。我們的身體會將伴隨擔憂而來的壓力、緊張，轉化為頭痛、胃部不適、蕁麻疹、失眠、免疫系統機能低下，甚至心臟病發作，更不用說還有焦慮、憂鬱。無論是抵禦普通感冒，或是有罹患癌症的可能，顯然我們的身體討厭擔憂。

就情緒而言，擔憂也不是小事，會讓我們覺得失衡、沒安全感，而且通常會發狂。我們變成只覺得「玻璃杯有一半是空的」的悲觀者，焦急想預判哪些地方會出錯，出錯又該怎麼辦。瞎操心的人之所以會擔憂，是因為他們的世界充滿疑慮與不信任，你要是不信任人生，就只會恐懼人生。擔憂就算沒有別的作用，也會讓你覺得至少你努力面對人生的突發狀況，也許你覺得做一些白費力氣的事，好歹也算做了點什麼。

問題是瞎操心的人覺得自己沒什麼選擇，甚至毫無選擇。對他們來說，擔憂是唯一能挺過人生風浪的辦法，要是他們有點自滿、懶惰或太放鬆，可就慘了，生命會「轟！」地給予重擊，那就再難翻身。如果你常常操心，大概會相信只要操煩得夠多，就能了解（控制）那些萬一，就再也不會擔憂，可以說你覺得現在操心，以後就不必再操心。

擔憂有時候是一種損害管制：你預料到最糟的狀況，就盡量減輕痛苦，有時候煩憂不過是你在驚慌失措時，假裝成思考的樣子。舉例來說，你認為早上那場重要會議你一定挺不過去，你可能會發現，你在擔心自己失業、丟人現眼，再也不會有別的機會，搞得好像天都要塌了，等到天開始塌，也別指望能好好睡覺。

”擔憂是因為預料會陷入混亂。“

我們在前幾章說過，不只是擔憂，其實所有的控制手段，都是為了對抗你的不安全感。你不太相信自己有能力應對人生，不太相信自己天生就能成功，所以設想一大堆扭曲的**萬一**，企圖預測可能會發生的問題。你開始覺得只要能預測未來的事情（穿越時空），就會覺得自己沒那麼脆弱，就算還是很脆弱，至少也提前做好準備，就像考試前就知道題目一樣。即使嚇得驚慌失措，也想做些什麼，什麼都好，總好過眼睜睜看著天塌下來。

> **”我們總是試圖去掌控那些讓自己不安的事。“**

擔憂 vs. 顧慮

別誤會我的意思。我完全不反對提前計畫，畢竟誰會反對為簡報做好準備、在長途開車之前檢查車子，或是穿著能抵禦壞天氣的衣物呢？預期人生，不是瞎操心。但如果你的預期只著重在有可能出錯的事情上，疑慮、恐懼、消極，那麼就只是在瞎操心而已。

我每次演講，總有人問：「人生會擔憂難道不是正常的嗎？我無法想像要是沒有**任何**煩憂的事，我的人生會是什麼樣子。不得不說，有時候擔憂還真是件好事。」我的回答每次都一樣：「不對，擔憂**從來就不是**件好事！」我之所以如此堅決，是因為我了解擔憂與顧慮的差異。

顧慮與情勢、事實有關。例如，假設你聽說早上的通勤時間會下大雨，那你當然會有所顧慮，研判通勤時間會延長，因此得提早半小時出發，這並沒有問題。瞎操心的人遇到同樣情況，也有符合常理的判斷，提早半小時出發，問題是，他的**擔憂**是由反射式思維主導，帶來的是不安全感，不是真實情況：「萬一我困在車陣裡動彈不得怎麼辦？萬一出意外怎麼辦？」「萬一」不是事實，而是不安全感產生的心理假想，所以擔憂絕對不會是好事。

> **”顧慮是健康的，因為是以事實為基礎。擔憂是有害的，因為是建立在假想中。“**

「**萬一**」的念頭，其實是不安全感投射出來想像，因此擔憂往往與實際的問題（事實）和問題的解決方案無關。瞎操心的人有長期且強烈的不安全感，上述例子引發「萬一」念頭的，並不是早晨通勤的問題，而是瞎操心的人不安全感發作，認為：「我從來都不順利，要做最壞的打算才能生存。」

認識恐慌

瞎操心的人有時候會擔憂到歇斯底里的地步，引發一系列可怕的症狀，叫做恐慌發作。恐慌發作是由錯誤的念頭引起，誤以為失控，無法應對人生的某些層面，往往也會伴隨強烈、緊咬不放的情緒和身心症狀。急診室常可見到恐慌發作患者的身影，自稱心臟病發作的病患接受一連串檢查，最後醫生叫他們回家：「你的心臟沒有問題，只是焦慮而已，你是恐慌發作。」他們聽了很崩潰，無法相信心悸、頭暈、迷失方向，還有大難將至的感覺，全只是「心病」。

除非特殊情況，恐慌其實並不少見。滿座的戲院有人大喊「失火了」，會引發群眾恐慌的連鎖反應。遇到痛苦狀況，會恐慌是很正常的，而且恐慌的傳染力相當高。如果你經常瞎操心，隨時準備恐慌，呃，那只能祝福沒人擋在你與逃生門之間。但瞎操心的人面臨的最大問題不是火災也不是創傷，而是電梯、橋梁、大眾開放空間、飛行、駕駛、公開說話、考試，當然還有他們想像中的這個世界可能有的亂象，就是那些「萬一」。

也許你並不理解，但擔憂不是免費的午餐，你每次肆意擔憂，不只是在摧毀你的信任，也讓自己更沒安全感。不安全感不斷累積，最後突破臨界點，於是你恐慌發作，有時候似乎是莫名其妙就恐慌發作。「我覺得心臟怪怪的，接著就是頭暈。可是明明就沒事，我心情很輕鬆，玩得很開心。所以是怎麼回事呢？」恐慌（還有焦慮與憂鬱）有時候似乎與當下的情況無關，但不要被這種感覺誤導，你最近鐵定在某處滋養你的不安全感！

如果你覺得這跟你的情況很像，但又說不出是哪個具體的反射式思維害你恐慌，那麼就要更積極進行自我對話。只要知道擔憂只會讓自己更痛苦，運用自我對話，可以盡量減少累積不必要的不安全感，若你的不安全感無法累積到臨界點，就能徹底消滅恐慌，就是這麼簡單。捲起袖子，隨時隨地耐心對抗反射式思維，一次對付一個念頭，你的信任肌肉就終於能得到早該有的相信營養針。

”如果你覺得身心症狀，尤其是恐慌，似乎與先前的反射式思維無關，那就回想過往二十四小時，看看你的擔憂是否助長了不安全感。“

可記得經典童話故事「恐慌小雞」（Chicken Little）？故事中，一隻小雞被橡樹果實砸到頭，杞人憂天的他就認為天空真的要塌了。他在街上驚恐狂奔，內心的恐慌也傳染給別的小鴨、小鵝朋友們，後來他們這個恐慌團發現，正是因為他們的驚慌失措，才把自己變成狐狸的美食。

這個故事告訴我們：當恐慌接管你的身心，你就會被它整個吞噬。

任何衝突，只要你能保持冷靜，不但思路更清晰，自我保護的直覺也會更敏銳。與其只能以焦躁的內在小孩反應來作回應，若相信自己的直覺有能力做該做的事，豈不是更理想？要提醒自己，預期與擔憂並不是事實：她要是這麼說，那我就說什麼什麼……穿越時空是科幻創作者最喜歡的題材，心理穿越時空（也就是不顧真實的當下，只管非真實的未來）也是愛瞎操心的人最喜歡的主題。你只要願意冒險專注當下，相信自己的本能與直覺足以應付未來的挑戰，你就能充分發揮自己的潛能，告別焦慮與憂鬱堆疊的人生。正是這些堆疊的焦慮與憂鬱，一再叫你去擔心可能會（也可能不會）發生的事。

終極目標：回應生活的變化

如果你事事都要操心，那你可能會認為更天然、不按劇本的人生，比你現在所處的擁擠、焦躁的世界更讓你嚮往。你可能會這麼想，但你不相信自己真能擁有這樣的人生，你堅信一定要沙盤推演、做足準備，才能好好過生活，而且你的內在小孩的扭曲思想也告訴你，唯有操心才能做好準備。假設我要做一個很荒唐的實驗，對每個走進我診間的擔憂者扔枕頭，明明人家沒招惹我，我也照扔不誤。想必這些人當中會有幾個人認為，早該預料到我會這樣做，他們會懊惱：「我為什麼讓這種情況發生？」

瞎操心的人相信（至少表現得像是相信）人生是一道數學題，只要肯花時間好好努力，就能運用「萬一」破解。遇到意料之外的事，他們會搖頭說道：「我早該料到會有這種事。」瞎操心的人不允許搞砸，覺得搞砸太危險了。「萬一下次治療他又對我扔枕頭怎麼辦？」擔心會引發焦慮、緊張、憂慮和憂鬱，而事實已經證明，這些都會妨礙清晰與有效的思考。

事實很簡單，如果你選擇以僵化、狹隘、按照排演的方式處事，就會更無能為力，只能任由不安的念頭擺布。比較好的選擇，是按照自我對話步驟，學習「放下，順其自然」，想做到這一點，要能夠回應生活的變化：當枕頭（或生活中的各種挑戰）扔向你時，你相信自己的本能與直覺中蘊藏生存的力量，能做出適當的反應。

一開始，會覺得不太可能回應生活，但事實是，你在並未受到威脅的情況下，都可以做到。想一想你跟完全相處愉快的人的對話，無論是配偶、父母、兄弟或朋友，他們說了些話，你也做出回應，對話是不是就這樣自然而然有來有回？你不必刻意思考，沒有預演，也無需煩惱要說什麼，你只是當下在對話中做出回應，讓對話自動延續，回應生活同樣如此！只要走出憂慮、預期、控制的心態（你與「相處愉快的對象」對話就能放下這些心態，因為有安全感），以直覺、本能去回應，好事就會發生。**當你開始對生活做出真實的回應，那些曲解、慣性與擔憂就會慢慢退場，生命也會重新找回該有的節奏與自在。**

在結束回應生活的討論之前，我想先提醒一下。我最近結束一場演說之後，一名年輕男子過來找我，質疑我剛才說的話。他說：「我覺得你說得不對，我那天就是給出回應，結果超尷尬。」我請他細說，他說：「我把一個聖誕禮物拿去退貨，負責銷售的小姐對我說：『先生，不好意思，不能在這裡退貨。』我火冒三丈。我還記得我那時候想，這些人存心要坑我！我才不會上當！」是，這位先生給出回應，但問題是這是他對反射式的、沒安全感的思維做出的反應（這些人存心要坑我！）。他之所以不能退貨，是因為禮物是在另一家百貨公司買的。

除非你藉由自我對話，打好自我信任與體悟的基礎，否則你就會像這位尷尬的先生，做出的反應是基於反射式思維，而不是基於事實。我要提醒的是，你應該將回應生活當成後續的補充努力，而不是用來取代之前就必須先完成的自我對話訓練。

”回應生活是持續跟進訓練的一環，不能取代自我對話。“

肥皂箱車給我的一堂課

你打好了信任自己的基礎，就可以把回應生活當目標，逐漸擺脫憂慮、恐懼和消極對生活的阻礙。記得我大概九歲的那年夏天，就有過這類「阻礙」的經驗。我用廢棄的舊木柴，還有幾個生鏽的嬰兒車輪，做出我的第一部肥皂箱車（每個在一九五〇年代長大的孩子，都希望有朝一日能參加每年於俄亥俄州阿克倫舉行的肥皂箱車大賽）。我的肥皂箱車看起來不怎麼樣，但至少能用，有最先進的摩擦煞車、基本的駕駛裝置，還有鮮紅色的搪瓷塗層，那塗料是我最近在我們家車庫偶然發現的。

我帶著我的肥皂箱車到城裡坡度最長、最陡的路段，我坐在坡道最上方，非常期待這次的首航，我的腦袋卻開始亂想，萬一撞車怎麼辦？萬一我無法操控怎麼辦？我雖然擔心，還是駕車往下走，但我卻踩了煞車。到了山腳下，我都氣死了，本來會是一趟美好的車程，被我給毀了。我拉著肥皂箱車，決心要克服恐懼，再次信任我的小肥皂箱車，於是毅然決然再度爬上長長的坡道，每踏出吃力的一步，都發誓下次不要再踩煞車了！我再次駕車下山，速度大概有每小時三十英里那麼快，風拍打著我的頭髮，心中洋溢著無比的愉悅、興奮、快樂，我製造這台小車，就是為了追逐這種感覺。

那你呢？你是否因為總是瞎操心，而失去了對生活的愉悅、興奮？如果你想試著克服反射式思維造成的障礙，那麼下次你參加派對，不要有任何沙盤推演，就只是出席和回應當下就好。認識新朋友？不必排演，只要信任和回應就好。擔心明天會怎樣？何不等到明天醒來，一步一步往下走，再看看新的一天會如何展開？這就是回應當下的生活，這就是有勇氣的生活，也是你該有的生活。

放下──回應當下的生活

在我的實務經驗中，我發現單純地告訴某人要放下，不要聚焦在焦慮與憂鬱帶來的疑慮、恐懼和消極念頭，常常會讓對方感到更迷惘，他們會說：「我就是無法理解，我越是想放下，就越是執著，結果只是讓自己更沮喪。」解開這種困境的簡單方法，就是學習如何對生活變化做出回應。這裡有個簡單具體的例子，可以幫助說明這重要的一點。

想像你正在開車，車窗搖下，感受著溫暖宜人的微風，聽著你最喜歡的音樂。突然間，一隻松鼠衝到你車前。你會怎麼做？你會本能地踩下煞車，同時猛地轉動方向盤，以避開那隻小傢伙。這發生的一切根本不需要做出有條有理的思考，你只是做出反應而已。

開車的時候，你不會一路上一直想著：「萬一有一隻松鼠衝到我車前怎麼辦？我應該先踩煞車還是應該……？」你不會這麼做，因為你信任自己能在當下對路況變化做出反應。帶著不安全感和擔慮過生活，其實就像不斷預想人生路上可能出現松鼠（也就是那些疑慮、恐懼和負面情緒）。下次當你發現自己陷入預判、煩憂或糾結時，提醒自己一句話：「別再找松鼠了！」**信任自己的直覺，你有能力應付生命中的每一個挑戰，別再擔心那些還沒發生的事**，釋放你自己，然後，把音樂開大聲吧。

練習建議

為了幫助你進行自我對話，了解自己為何以及如何擔憂非常重要。因為擔憂是焦慮和憂鬱的基石，你需要努力識別並區分這個有害的習慣。請以下表為範本，列出你的擔憂，並加以轉向。

擔憂的念頭	內在小孩反應（假想）	經過引導的自我對話（事實）
我不希望我女兒參加那次校外教學。	我感覺她會出事。萬一她迷路怎麼辦？沒人會像我一樣照顧她。	我不會讓我內心的焦慮毀了女兒這次的體驗。如果我真的那麼不安，可以打電話給學校，討論我的顧慮。
我不想生病。	我已經好幾個月沒生病了，我有預感時候快到了！我最害怕的就是嘔吐，現在我真的要吐了。你也知道，說了自己不好的話會倒楣。現在我肯定會得胃腸炎！	沒人喜歡生病，我尤其不喜歡。但不斷反覆想這些「萬一」，對我一點幫助也沒有。我不能讓自己以為擔憂能掌控命運。

13
給像刺蝟的你

在開始討論刺蝟型人格之前，請在未受討論影響的情況下，先完成下列自我檢測，評估你可能有的傾向。

是　否　我的感受常常從不喜歡演變成厭惡。
是　否　如果有人靠太近，就會受傷害。
是　否　我常常覺得危險。
是　否　我遲早要報復回來。
是　否　我常常感到被攻擊。
是　否　我獨自一人的時候感覺最安全。
是　否　我很難信任別人。
是　否　我太悲觀了。
是　否　我很多疑。
是　否　我與他人的關係往往充斥著怨恨。
是　否　我常常嫉妒別人。
是　否　我常常覺得被排擠。
是　否　即使事過境遷，我心裡還是有一把怒火。
是　否　我勝負欲很強。

如果你有十一至十四個是，那麼你有很強烈的刺蝟型人格，必須立刻展開自我對話的練習，不能讓這些習慣延續下去。八至十個，代表中度刺蝟傾向，要留心這一章提出的警告，不要任由刺蝟傾向演變成敵意。若有四至七個是，表示你沒有嚴重的刺蝟傾向，只是當遇到壓力時，你偶爾出現刺蝟的防禦心態。若在三個以下，就代表你沒有嚴重的刺蝟傾向。

別冒犯我

你可曾在快速結帳櫃檯對著別人大吼，只因為那人的購物車裡有太多商品？當你趕時間開車在路上的時候，前方駕駛若是慢悠悠的，你會不會對他按喇叭？別人傷了你的心，你會想反擊回去嗎？別人批評你，會不會成為你的敵人？你的人生準則是不是：「我不生氣，我要討回來」？如果上述符合你的狀況，或是符合你想做的事，那麼你可能有一種反射性的防衛思維，我稱之為刺蝟型人格。

可曾看過刺蝟？很難找到比刺蝟更可愛的動物。安安靜靜的刺蝟站在你的手掌上，滑滑軟軟的，既療癒又可愛。但若是被惹毛，要捍衛自己時（這些小傢伙的個性很敏感，要惹毛牠們容易得很），全身就會捲成一團，像豪豬一般的刺向四面八方伸出，這副模樣的刺蝟變得讓整個世界都不想接近。

刺蝟是以抗拒危險的方式來保護自己。控制敏感的人一旦感到不安全、失控，就會運用同樣的方式保護自己，於是一個平常和藹可親的人，會突然像刺蝟一樣，伸出敵意的尖刺。對人充滿敵意，會有什麼樣的結果可以想見，對方會退縮、會心灰意冷。與人保持距離，是刺蝟型人格的控制方法，他們藉由身體或情感上的疏離來保護自己。敵意有很多種形式，可以是消極、攻擊、辱罵、掃興、抗拒，或是純粹難相處，結果通常一樣：「誰也別想占我便宜！」

像刺蝟一樣的防衛格外值得注意，因為會深深影響你的性格，也將左右你與身邊人的互動方式。多數人認為，瞎操心的性格通常很容易看出來，而且會帶來相當大的心理壓力。刺蝟型人格則比較隱微，當事人也比較不會將之當成個人的心理問題，有錯的總是另外一方。刺蝟散發出的憤怒與敵意，很容易把人嚇跑，因此會衍生出一種「我才不需要他們」的心態，不斷強化自己不會受傷的感覺。刺蝟類型的人防衛心態相較於其他人格類型，顯得更持久、不明顯，這些特質對刺蝟本人來說比較容易忍受（是自己較易接受，身邊的人則不一定）。然而，即使較容易被接受，也不見得就沒有隱患。刺蝟型人格的人生觀是負面的、有害的、防衛的，所以特別容易有憂鬱和情緒方面的問題。

一般人對敵意的印象，常是咬牙切齒、語氣緊繃、氣氛劍拔弩張，但還有另一種敵意同樣令人不快，只是不那麼直接面對面，那是被動的敵意。小朋友還有跟小朋友一樣幼稚的大人，最喜歡用這種敵意保護自己，問他一個問題，他大概會假裝完全沒聽見你說的話，讓你生氣、無奈又無力。被動型刺蝟耍幽默時，往往會讓你很不自在：「你覺得我真的會在意你的婚禮有沒有邀請我？我當然知道你要控制賓客人數，我上次問你能不能在會場外面開一桌，給比較不親近的朋友，這都是在開玩笑，不要當真。」刺蝟式的玩笑多半話中有話，並非真的說著玩的。如果你曾納悶朋友為何不回你訊息，你的朋友可能有點刺蝟個性，以被動的方式給你點顏色看看（讓你痛苦），報復你取消他上週的晚餐邀請。敵意無論是明顯還是被動，都會傷人。

偶發型刺蝟

很多剛展現刺蝟傾向的人，其實只是偶爾啟動這種防衛機制，很少跟別人起衝突，所以大多數時候都能隱藏身上的刺，然而這會是一個隱憂，因為可能掩蓋了逐漸養成的刺蝟式生活。

山姆與我上週才一起研究他的內在小孩反應，若非如此，他可能永遠不會發現自己的刺蝟傾向。就算他發現，也會很快否認。三十六歲的會計師山姆覺得自己有一點輕微憂鬱，人生似乎沒有目標。有一次，山姆全家前往迪士尼樂園，要在那裡度過整個週末，他去租車時，發現他想要租的休旅車已經沒有了。看見妻子失望的表情，孩子們又不耐煩，平常好脾氣的他也忍不住大爆發：

那位小姐對我說，她對這次的疏失很抱歉，但也無能為力。我不太高興，但沒有到生氣的地步。後來我聽見妻子發牢騷，她顯然是累了，也很失望。聽見她的抱怨，我感覺很心煩。我說不清這種感覺，我覺得我應該要更像個男人，我的家人需要我！就是那時候開始的。我突然對那位小姐有了敵意：這個女人以為她是誰？誰也不能這樣對我！

我原先還能克制怒氣。我說：「這不是理由，我不想聽藉口，我要我租的那台車。」那位小姐假笑了一下，給我的感覺是「省省吧你」，她絕對是在挑釁我！我就是在這個時候徹底失控。我扯開嗓門，幾乎是用吼的說：「叫你們經理過來！你搞砸工作，並不代表我就得忍受！」我越生氣，思路就越混亂，還說了一些顛三倒四的話，像是：「你覺得我是傻瓜，我看你才是傻瓜……我要告你……等我律師來，就要你好看！」

我看到妻子尷尬的表情，孩子們也糗到不行，我那場破口大罵結束就跟開始一樣快。我好像被一根木頭敲到頭，馬上安靜下來，心裡很難受，連那位小姐說的話都沒在聽，只想趕快離開。太糟糕了，我真的是太丟臉了。

我只是想強硬一點，不想被任何人占便宜，結果弄得自己好難堪。我是怎麼了？我向來覺得自己待人不差，沒想到我竟然會變成禽獸，我不應該對那位小姐說這樣的話。我一失控就無法彌補，丟人丟大了，好想找個地洞躲起來！

山姆這次發飆，是百分之百的刺蝟型表現。承辦人員冷漠的態度是他情緒爆發的引爆點，他為了維護男子氣概，還有身為父親、丈夫的地位，別無選擇，只能出手教訓那位小姐。他的思維在大喊：誰對不起我們家，都別想有好日子過！最讓山姆難受的，是後來失控的感覺。

山姆其實有選擇權，他不必非要表現出敵意才能保護家人。問題是刺蝟很難信任別人，他們相信除非主動進攻，否則就會被人占便宜。這是一個重要的區別。大多數人覺得受到威脅時，會先築起一道防線，刺蝟則是跳過這層防衛，直接發動攻擊（被動型刺蝟除外，他們喜歡以較為間接、隱蔽的方式攻擊）。健康的人受到攻擊，會以自信的方式回應，處理該處理的事；刺蝟受到攻擊時（不論是真正的攻擊或自認被攻擊），則會主動出擊以自保。山姆本來可以純粹表達他的憤怒：「我想找經理談」，後來卻演變成最糟的情況，他沒能控制住，弄得自己在眾人面前失態、出醜。

山姆以往也有類似經驗，一度讓他消沉了一陣子，但也就僅此而已。他並沒有學到什麼，因為他相信就是要發動攻擊才能保護自己。不幸的是，山姆與人發生衝突，只會引發更多壓力與焦慮，他也覺得生活越來越混亂，他擔心自己的負面情緒越來越嚴重。這對像刺蝟一樣的人來說，是很重要的第一步：**承認敵意是自己的問題**。山姆已經做好進行自我對話的準備，這是他自我對話的精簡版：

自我對話第一步：區分事實與假想，學會傾聽

練習傾聽自己的想法，問自己：「我現在聽到的想法，是成熟、理性、合理的嗎？還是很草率、情緒化、幼稚又缺乏安全感？這是我真正的心聲，還是內在小孩在說話？」如果是內在小孩反應，那就必然只是假想而已。

記住第一步，區分事實與假想。山姆與我從頭過了一遍他敘述的事情經過，內在小孩反應最早的跡象，就是山姆覺得自己有男子氣概不足的危機。他明白自己的反應很本能、缺乏安全感，尤其是他想到「這個女人以為她是誰？」的時候。山姆回溯他的反應，輕易就發現是他的內在小孩在發脾氣，引爆點是他認為「她絕對是在挑釁我！」承辦人員的反應可以有很多種解讀：失望、生氣、不耐、胃痛，也有可能只是因為站了一整天。山姆犯了腦補別人內心的毛病，他認為他看到的，是自己男子氣概被挑釁。（對了，山姆完成後續的探索之後，發現他的父親是一位粗壯的煉鋼工人，完全不能容忍兒子有任何脆弱表現。山姆到現在還能聽到父親告誡他「要像個男人！」）

●自我對話第二步：停止反射式思維●

當你明白只是你的內在小孩反應，就再也不要去聽他說的話了。

山姆不只是聽從內在小孩的聲音，還任由自己變成那個小孩。他在盛怒之下，該做的其實是不再聽從內在小孩在恐慌之下直覺、崩潰、混亂的言論（自我對話的第二步），應該要轉而尋求更接近事實、更成熟的回應。他需要一些自我對話訓練，才能徹底無視他的怒氣和內在小孩反應。若沒有自我對話為根基，無論是山姆，還是你，都不可能忽視內在小孩反應。山姆在迪士尼樂園大崩潰之前，要是做過一些自我對話的訓練，也許就會對自己說：「這哪有什麼大不了！」他深呼吸之後，還會告訴自己：「我不會讓內在小孩把我搞糊塗！我不會讓這件事毀了我的假期（自我對話第三步：放下）。我真的很喜歡佛羅里達……」

自我對話第三步：放下

當你不再讓內在小孩反應主導你的思緒之後，接下來要有所行動。請鼓起勇氣，放下反射式思維，跨出信任的一步。

山姆也發現，將他的內在小孩反應擬人化，就更能預測他內心的刺蝟會做出的反應。擬人化的方式，是替他的內在小孩取名崔維斯，這個名字來自他最喜歡的電影，由勞勃．狄尼洛主演的《計程車司機》（*Taxi Driver*）。勞勃．狄尼洛飾演的崔維斯．比克爾（Travis Bickle）個性偏執，飽受折磨，自以為自己是正義使者，山姆的內在小孩取這個名字可以說非常貼切。崔維斯最喜歡說的一句話是：「你在跟我說話嗎？」山姆只要發現自己說話像崔維斯，就會立刻想起那個病態、瘋狂的電影角色，很快就能區分出何者是崔維斯的聲音，以及他自己健康、務實也更成熟的聲音。

山姆漸漸明白，他並不是真的受到威脅才展現敵意，而是他的內在小孩反應讓他自以為受到威脅（假想）。當他了解到這個簡單的事實，就能進而引導自己的思緒，想出更合理的方式來化解衝突。

自我對話的第二步「停止反射式思維」，對山姆來說格外重要，因為他開始看見生活中有其他選擇。山姆回想他與那位承辦人員的衝突，有了下列想法：

我真希望時光能倒流，我會換個方式跟租車公司互動，我不應該認為別人是衝著我來的，現在回頭想想，真覺得當時的我太荒謬。

崔維斯（山姆的內在小孩）讓我以為我的男子氣概受到挑戰，我還真的讓崔維斯左右我的一言一行。從今以後，我才是我自己的主人，輪不到崔維斯作主！我之所以那麼失控，是因為崔維斯讓我誤認我被攻擊了。

我總算漸漸開始明白了。今天早上我在購物中心，正要把車子開進停車場，突然有個不曉得從哪裡冒出來的傢伙從反方向衝出來，停在我要停的位置。崔維斯眼看就要跳下車去理論，但我把他推開，深呼吸，對我自己說，我不會允許自己做蠢事，然後我開車離去。是，我可以按喇叭，也可以口出惡言，但我了解自己，我知道我每次與人衝突，都會付出代價，而且是很高昂的代價！

我過了好一會兒才能放下這個情緒，而我終究還是放下了，感覺超棒。雖然不算什麼，但絕對能讓我相信我有所選擇。有意思的是，我並不覺得我的男子氣概大受折損，大概是我終於改掉老毛病了。

習慣性刺蝟

山姆運用自我對話，中斷了自己的刺蝟養成之路，但有些人長年放任自己的攻擊言行與負面思考，沒有加以克制。像山姆這樣的偶發型刺蝟，還會有和藹可親的能力，至於習慣性刺蝟，即使感覺都在控制中，也還是一直討人厭。看看莎莉的故事，你很快就會明白為何不能放任自己的刺蝟傾向。

莎莉是負責指導三年級學生的老師，屢屢因為怠忽職守而被校長訓斥，例如上班遲到、放著整班學生不管等等。莎莉接受治療的時候忿忿不平，她對我說：「我跟一群白癡共事。上次教職員會議，我跟他們說了我的想法，很多老師的表現都不太專業，他們為什麼要針對我？我一一點名那些跟我過不去的人！我才不在乎誰會倒楣。我不管別人喜不喜歡我，我一到學校就不跟別人交流，我做我的事情就好，下午三點半準時離開。」莎莉以憤怒控制局面，她的敵意也完全達到她想要的效果，大家都避著她。

刺蝟型人格認為世上只有兩種人：威脅自己的人，以及可能會威脅自己的人。這種草木皆兵的心態，無論是鄰居、老闆，甚至配偶，任何人都有可能被他們當成敵人。刺蝟在陰暗的地下堡壘，透過狹小的窗戶縫隙窺視外面的生活，視野如此受限，常有思維狹隘、非黑即白的二元對立思維、腦補別人內心等問題。上述的莎莉就陷入二元對立、思維狹隘的困境，以敵意跟指責她的人劃清界線。從非常善意的角度來看，你可能認為她是在保護自己。只不過，莎莉認為自己必須抵禦同事的攻擊，但真正的問題並不是出在同事身上，而是來自她的內心。她沒有意識到，自己的行為不負責任又幼稚，她必須走出地下堡壘，認清更客觀的全局，她需要理清思路，也需要導正想法，收起尖刺。

想一想，你對生活的看法是不是太狹隘？你眼中的負面事物是否比正面多，看到的威脅、敵人是否比朋友多？衝突是否已經變成你生活的常態？你是否越來越像生活在地下堡壘，過度保護自己，太擔心受到攻擊？最重要的是，敵意是否漸漸成為你日常生活的一部分？如果是，那就該認真看待這個完全可以避免的習慣了。

不要以為敵意能控制住局面，而被迷惑了。敵意終究會引發緊張、煩躁、失眠、社會與婚姻衝突、負面情緒等副作用，且因為敵意帶有強烈的防禦性質，所以也會引發憂鬱。無論你喜不喜歡，心存敵意的你會變成一個霸凌者，本來只是想逃離不安全感的簡單反應，久而久之卻養成充滿焦慮與憂鬱的反抗型人格。

刺蝟陷阱

你在第六章學到幾種應該避開的不安全感陷阱（「應該」、「萬一」的話語等等），刺蝟型人格特別容易落入某些陷阱。這些陷阱對於沒有戒心的刺蝟可是有強大的吸引力，他們有一個共通點，就是傾向將周遭的人視為敵人。以下是常見的刺蝟陷阱：

一、**嫉妒：**在任何關係裡，嫉妒都是一種禍源，刺蝟型人格因為認定自己會被排斥，所以格外容易受到嫉妒影響。刺蝟通常會做最壞的打算，所以一直生活在失衡狀態，而這種失衡很快就變得難以忍受。刺蝟為了控制生活，就變得嚴重嫉妒，說到底，嫉妒只是一種控制，還是令人窒息的那種。

二、**偏執、歧視與偏見：**偏執、歧視與偏見是刺蝟型人格特別棘手的問題。這些問題很獨特，因為牽涉到的並不是與你有衝突的人，而是不知名的人與團體。這些人或團體「有幸」招來你的不安全感，被你貼上標籤。之所以將仇恨和敵意投射在他們身上，是因為你試圖跟你覺得會傷害你的人保持距離，但其實你只是想與內心的不安全感拉開距離，因為你害怕那種不安會傷害你。

三、**競爭：**刺蝟型人格看似喜歡競爭，實則討厭競爭。他們一旦受到挑戰，無論是真實的挑戰還是自己假想的挑戰，都會覺得落入困境。為什麼？因為他們認為所有挑戰都有可能動搖他們對生活的控制，無論是與朋友比賽打網球，還是與同事爭搶老闆的肯定，刺蝟的想法很快就會變得不客觀，變得極為狹隘、偏激。

四、**威脅、恐懼與恫嚇：**當刺蝟面臨競爭壓力時，可能還來不及思考，就下意識展現敵意了。對他們而言，威脅、恐懼與恫嚇是強烈的負面刺激，迫使他們必須迅速啟動補償反應。

“憤怒之所以惡化，是因為不安全感。”

我是刺蝟，還是只是憤怒？

我們怎麼知道，自己心中敵意的情緒是該有還是不該有？有時候當然應該憤怒。別人傷害、侮辱、羞辱我們，或是讓我們難堪，感到憤怒才是正常的。但憤怒若是與不安全感結合，就不是單純的自我保護，變成只想要控制局面，那麼我們受到的傷害、侮辱、羞辱、難堪，就有了不同的含意。憤怒會更強烈，就算過了很久之後，也還沉浸在自己的敵意中。如果你能察覺這些惡化的情緒，就會知道，是有個缺乏安全感的刺蝟正從中作祟。

我想起一個禪宗故事。兩位和尚沿著一條溪流走來，遇到一位憂傷的姑娘，老和尚問她為何憂傷，姑娘說她需要橫越湍急的溪流，但她很害怕，於是老和尚便抱起姑娘，帶她渡河，到達對岸後將她放下。然後兩位和尚繼續默默走著，傍晚他們停下來休息。年輕和尚再也忍不住心中的怒火，脫口而出：「我真不敢相信，你竟然抱起那位姑娘，如此碰觸她的身體。」老和尚說：「我抱著姑娘只有一下下，你的心卻抱著她一整個下午。」

很多時候，真正讓人痛苦的並不是事情本身，而是對事情的執念放不下。就像故事裡的年輕和尚，老和尚早已放下那段短暫的舉動，年輕和尚卻在心裡反覆糾纏，讓憤怒和批判盤桓許久，反而困住了自己。如果你的怒氣久久無法消散，長時間心煩意亂，請停下來想一想：也許真正讓你感到失控的，不是對方的缺失，而是你的不安全感。

小提醒

上一章說過，自我對話的訓練目標，就是學會回應生活。但你如果像個處處表現出敵意的刺蝟，請記住，你有衝動、憑直覺反應的問題，因此，要特別注意只在後續跟進的階段回應生活，而且要先打好自我對話的基礎。

練習建議

用手機錄下你生活中遭遇某個造成混亂、困難、焦慮或憂鬱的具體情境時的反應，這麼做能幫助你更真實地感受到你的內在小孩反應。若你只是試著表達或寫下你的想法，通常不太能捕捉到語氣、情緒與精神上的細微差異，偏偏這些正是內在小孩反應的核心，對於刺蝟型人格而言，這一點尤其明顯。當你親耳聽到自己內心那份敵意與負能量時，往往會大開眼界。

雖然不必每天都錄音，但我強烈建議在你明顯感受到內在小孩浮現時按下錄音鍵。一旦你真正聽見你內在小孩的聲音，就不再需要依靠錄音，也能辨識它的現身。

14

給龜縮的你

每個人天生都像烏龜那樣，偶爾會想縮進殼裡躲避壓力，先來檢視你是否朝著不正常迴避與控制的方向發展。

是　否　我寧可迴避衝突。
是　否　我寧願獨處。
是　否　我的興趣或嗜好不多。
是　否　我看太多電視。
是　否　我寧可獨自工作。
是　否　人際關係多半是問題。
是　否　我討厭電話。
是　否　我的朋友不多。
是　否　我不喜歡社交承諾。
是　否　我在派對上覺得很尷尬。
是　否　我常遲到。
是　否　比起跟人相處，我處理事情會更自在。
是　否　再怎麼小心也不為過。
是　否　我不太能接受批評。

你若有十一至十四個是，那你絕對有龜縮傾向，不能再任由這些習慣持續下去，要以自我對話一一戒除。若是八至十個，代表你有中度龜縮傾向，記住這一章對你的提醒，不要發展出龜縮不前的逃避心態。如果拿到四至七個是，代表你並沒有嚴重的龜縮傾向，但你遇到壓力，偶爾也會像烏龜一樣逃避。若是低於三個是，那你並沒有明顯的龜縮傾向。

像我這樣的人會是烏龜？

提到烏龜，你腦海裡浮現的會是什麼？烏龜的殼，對吧？人生若是太艱難，烏龜就縮進自己的老殼，等待時來運轉。人類沒有殼，但有時候卻表現得彷彿有殼，焦慮與憂鬱會助長龜縮的行為，當過度焦慮時，縮進躲避的殼裡就像逃進避難所，彷彿就能躲開慢性或強烈的壓力，無法忍受的事也變得好像可以忍受了

所有的龜縮經驗，都有一個共同點，就是能逃離你覺得失控的生活層面，躲進殼裡，就感到安全，受到保護，也就能控制局面。史上最有名但也很古怪的烏龜型人格，大概就是傑出的發明家、精明的生意人，億萬富豪霍華．休斯（Howard Hughes），他為了完全與世隔絕，尤其是在生命的最後幾年，躲進偏執、毒癮做成的烏龜殼。在拉上黑色窗簾的豪華旅館房間裡，瘦弱憔悴、精神錯亂的休斯，在自己一手打造得以瘋狂控制一切的烏龜世界裡，越陷越深。舉個例子，據說他在復活節早上把助手喊來，就為了捉一隻入侵他的聖殿的蒼蠅。他富甲一方，卻

買不到他最想要的東西——全面的控制。

沒人能打造完美的殼，就連大富豪也不能，總會有隻蒼蠅在某個地方嗡嗡飛。當然並不是每隻烏龜行為，都像霍華・休斯一樣明顯又古怪，大多數烏龜的行為跟正常的日常行為沒什麼兩樣。我知道這聽起來很奇怪，但其實一點也不奇怪。你只需要知道，龜縮行為的定義不是你做了**什麼**，而是你**為何**這樣做。例如看電視、聽音樂，或是看一本好書：

- 如果你做這些事情的原因，是想放鬆心情，你的所作所為並不像烏龜。
- 如果你做這些事情的原因，是想給自己一個避風港，一個保護層，以此控制人生的某些層面，那你的行動就像個縮頭烏龜。

龜縮行為是一種逃離而非面對人生的行為。誰不需要偶爾放鬆一下？按照這個定義，顯然偶爾像個縮頭烏龜也是正常的，有時候甚至是生活不可或缺的一部分，每個人偶爾都想龜縮一下，嘿，所以我們才會有假期嘛，對不對？而且適量的龜縮行為，對你並不有害，就跟人生大多數的東西一樣，偶爾展現一點龜縮行為，不會變成烏龜。龜縮行為就像是先前提到的每一種不安全感陷阱（總是想著「萬一」、小題大作、非黑即白思維、刺蝟防衛等等），唯有一再以龜縮行為控制生活（而不是偶爾逃離），才會是個問題。

龜縮行為如果是偶爾用來為心靈充電，反而是件好事。問題是，原本只是放鬆重整的無心之舉，一旦跟不安全感的想法糾纏在一起，就很有可能演變成逃避人生責任的習慣。有一點必須要弄清楚，那些讓你產生過度龜縮反應的，並非生活中該負起的責任或局面，其實是你的反射式思維習慣，創造出一個假想世界，讓你以為自己無力應付挑戰。你一旦接受這樣的想法，就會一頭栽進逃避的殼裡走不出來。

人生該承擔的事，頂多只能延後，不能不做，所以逃避的習慣，難免會引發嚴重的焦慮與憂鬱。烏龜型人格一旦開始憂鬱、焦慮，就會誤以為唯一的出路不是走出去，而是再往裡面躲——躲進殼的更裡面。到了這個地步，你缺乏安全感的龜縮心態，已經認定人生太苦、太難，簡直走不下去，我只想一個人靜一靜。

”人生只能暫時躲開，但不能永遠逃避。“

別永遠躲進殼裡

我們要是覺得壓力不堪負荷，殼裡帶來的安全感就越來越吸引人。怎麼會不吸引人呢？殼裡的環境平靜、寧靜、安全，又是我們能控制的，實在太有吸引力。但不要搞錯了（自我對話的原則四：控制是錯覺，不是答案），人類的逃避行為就像烏龜的殼，看似保護了自己，其實只是一種虛幻的安全感。

無論你的殼有多厚，或是躲在殼裡面感覺多安全，你總是要伸出頭來面對人生。當然，如果你是遇到特定的壓力源，例如工作不順利的一天，或是與人吵架，偶爾躲進殼裡是正常的，療傷結束，立刻就要走出你的殼。當偶爾的喘息變成頻繁的逃避時，一旦試著伸出頭面對現實，就可能引發嚴重的焦慮或憂鬱，有時甚至兩者皆有。

除了製造焦慮與憂鬱之外，烏龜般的退縮行為還容易成癮。你可能會注意到，有一天你待在殼裡的時間比平常久了一點，於是你逃避了一些責任，或者只是「忘記」了某個約定。你越適應自己的殼，就會越習慣、越喜歡待在裡面。

這都要歸咎於不安全感的反射式思維。不安全感的念頭讓你只想待在你的殼裡，更是你受苦的最主要原因。拖延就是常見的例子，是缺乏安全感的龜縮想法在作祟，讓你覺得壓力山大，無力承受。「我聽到了啦！我說了等一下會弄。」你逃避該做的事，壓力就會節節升高。烏龜型人格說：「好啦，好啦，我明天會弄。」這是內在小孩抱著一線希望，認為只要拖延下去，該做的事就會直接消失，內在小孩反應喜歡拖延，因為拖延很安全。

你的內在小孩已覺得無力承受，很脆弱，當然不想承擔更多責任，不想再消耗自己。但是，拖延不但不會減輕壓力，還反而會增加壓力（因為人生只能暫時躲開，不能永遠逃避），最後變得做也不是不做也不是。憂鬱與焦慮在矛盾心態助長之下，就像溫室裡的植物茂盛成長。

如果你已經陷入憂鬱，任何龜縮行為都會變得更嚴重。憂鬱會讓你覺得別無選擇，只能撤退，反正你自認無力應付人生，那麼躲進殼裡感覺也不錯，應該說太有吸引力了。但太好的事情往往不真實，這也一樣，烏龜以為自己躲進的是避風港，但終將演變成牢籠。

如果你覺得自己有龜縮的毛病，就該做一些自我對話的練習，運用目前為止的所學，也需要一些鼓勵，才能將頭伸出殼外，對抗那些讓你覺得無力承受的念頭。透過自我對話，能幫你脫離內在小孩反應的恐慌，勇於相信事實。事實就是，你沒有理由不能應付殼外的人生；事實就是，即使把自己關在看似保護殼實則是牢籠的裡面，也得不到實質的保護；事實就是力量，真正的力量，相信你的聰明才智足以因應人生的挑戰；事實會讓你明白，逃避人生不是件好事，只能暫時躲開而已。

看看這一章介紹的個案研究，就可以知道如何運用你自己的自我對話訓練。雖說這些是我指導患者的方法，但了解我用的方法，也有助你運用在自己的自我對話上。其實沒那麼困難，只要多次練習，就會熟能生巧。

是天堂，或地獄？

為了避免你認為只有怪咖富豪或異類，才會有縮頭烏龜症狀，我要向你介紹湯姆，雖然他表現得太誇張，但他那種想逃離現實的傾向，我們其實多少都能理解。湯姆是三十三歲的單身汽車修理工，也是狂熱的電影迷，他在家中一步一步打造出一套昂貴的家庭電影系統，首先是四十吋電視，接下來是ＤＶＤ播放器，再來是環繞立體聲揚聲器系統，最後也是最重要的，就是要價兩千美元的指壓按摩皮革躺椅，湯姆對它讚不絕口：「那是美國太空總署設計的，目的是要在離地升空的時候，提供一個零重力姿勢！」湯姆的生活與他的娛樂中心融為一體，而問題就出在這裡。

那已經是一年前的事了。我第一次跟湯姆見面，你猜他的困擾是什麼？首先，他胖了快二十公斤，整晚熬夜看電視，累到很難工作，感到輕微憂鬱、焦慮。湯姆告訴我：「我一坐上那個椅子，一個晚上就泡湯了，在買了衛星天線之後，更是糟透了，五百個頻道！我現在都沒辦法關掉那玩意了，每天都弄到凌晨兩三點才睡覺。我現在都不出門了，看看我有多邋遢，我不打理自己，該付的帳單都沒有付，一回家我就癱在躺椅上。我覺得最恐怖的是，我的行為好像改變不了。」

湯姆有個很大的問題，他只要想改掉晚上看電視的習慣，就會更焦慮，一焦慮就無法改掉習慣，於是他在環繞立體聲的殼裡越陷越深，只需要一部賣座強片，就能化解他的不安。至少在電影片長的時間裡，他沒有痛苦，只有他的零重力頂級視聽環境。

不幸的是，他越是深陷其中，生活就越失控。他的娛樂不能停，不然他會焦慮，他在工作的時候，娛樂的癮頭得不到滿足，他就痛苦得很。人生從他身邊流逝，而他就只是一個名副其實的看客，他的焦慮很快就演變成憂鬱，尤其一想到人生缺乏親密關係就更消沉。他因為越來越不快樂、無力、恐懼，而來找我。

湯姆一開始接受治療的時候，是有一些領悟的。例如，他知道即使躲進殼裡，生活也不會停下腳步等你出來，若一味躲在殼裡，工作、帳單、社會責任，以及飲食、運動、人際關係這些身心需求，都會耽擱。應付人生責任的能力變差，以往很容易迴避的問題，就會變得過度嚴重，難以承受。惡性循環就如下圖一般開始了。

湯姆理智上知道該怎麼做，但卻聽信他的內在小孩反應，認為自己太弱、太累、太無力改變自己的行為。有趣的是，他的內在小孩若是鬧得太凶，他就會去廚房吃點牛奶與餅乾，二十五年前他受不了母親逼他寫完作業的時候，就是用牛奶與餅乾解決的（有些習慣的尾巴可以拖得很長）。夜復一夜，湯姆任由自己越來越陷入逃避的世界，完全不敵自己的內在小孩反應，越是深陷，就越憂鬱。

可憐的湯姆，他的高科技避風港，照理說應該能帶給他多年的幸福，現實卻是，他越來越不快樂。那句老話說得好：許願要小心，因為真的實現時，可能不是你想像的那樣！

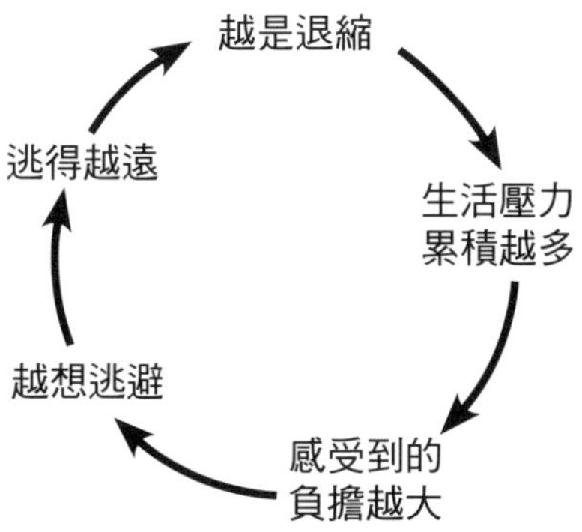

踏進雙輸的選擇

湯姆和我運用自我對話的訓練，探討他的內在小孩引起的不安感。他認為他不像一般人，他是個軟弱到無力應對人生的人。其實這一點他還真說對了，他一憂鬱，就會開始覺得身心俱疲，他越是縮進殼裡就越懶散，也就感到越疲倦。他發現他缺乏運動、體重上升、睡眠短少，還有憂鬱的心情，都是他身心狀況不佳的原因。但他窩在黑暗的殼裡，哪有力氣解決自己的問題？「一切都太難了！」難怪他會說自己感到心力交瘁。

湯姆起初以為，他會有這些問題，全是因為看電視成癮，堆積了太多該做的事情沒做，這相當準確地反應了湯姆的困境。但我們持續跟進後發現，真正促使他打造精美外殼的，其實是他早期的生活方式，遠在他電視成癮之前就已然開始。就他印象所及，他每次約會都是失敗收場，帶給他巨大的壓力，比其他任何事情都大。他買電視前的那幾個月，滿腦子都是不安、恐慌不斷反芻，擔心自己永遠找不到另一半，只能孤獨一生。他開始喝酒，雖不到酗酒的地步，但每晚都喝，他知道他必須想辦法解決焦慮與憂鬱，卻又不知道怎麼做。在這段慌亂的日子裡，湯姆碰巧經過一間家電賣場，看見裡面陳設的環繞立體聲家庭娛樂系統，他立刻下了決心。

湯姆從有記憶以來就一直是自己一人。「我在學校就是獨來獨往，無法跟人打成一片。也許是我個性害羞，也許我只是缺乏安全感。」湯姆探索到最後，總算了解自己行為背後的「原因」。他現在明白，他看電視成癮是一種補償作用，能讓他逃離他沒有充實度過的人生，所以他踏進雙輸的選擇：走入失落、被排擠的世界，或是繼續待在殼裡，越來越憂鬱。我們找出的解決方法很簡單，也很直接：探出頭來再次走入世界，但別再用內在小孩那種歪曲的、不安的本能反應來生活，而是要以有效的自我對話取而代之。

湯姆從來不想當縮頭烏龜，他始終希望能參與這個世界，他只是覺得他沒那個命。他的躺椅還有家庭劇院，其實不過是一個越來越厚的殼的延伸，多年來在不知不覺間，他接受不安、挫敗的思考模式，自我形象也隨之破碎。即使生活繼續前進，湯姆還是會受到內在小孩的有毒想法影響：「我今年三十三歲了，只有過幾段感情，而且沒有一段認真交往，每個女人都覺得我很怪。真的很尷尬，十八歲的高中生都比我有經驗！」湯姆覺得自己有種種不足，不希望這些不足曝光。他接受治療，原先是為了擺脫電視成癮的習慣，但他卻認識了一個可悲、缺乏安全感、像縮頭烏龜一樣的孩子，永遠不去承擔該承擔的責任，只想逃避人生。

自我對話訓練出正確的態度

湯姆發現他對自己的看法十分漫不經心，對自我譴責也默默接受。他不願繼續如此，他必須有紀律地執行自我對話訓練，對內在小孩反應零容忍。他開始反擊，他開始了解，是他的內在小孩長久的懷疑與恐懼，導致他過著放縱、逃避的生活。他決定不要再聽內在小孩說的話，他不刻意限制看電視的時間，也不再與內心那個矛盾、愛發牢騷的孩子搏鬥，他覺得不去爭執比較輕鬆，索性關掉電視。他這樣做當然會焦慮，但他寧願焦慮，也不要被慣性反應支配。

湯姆做出他此生最具建設性的決定來回應一切。他發現，戒除開電視的習慣讓他感到焦慮，同時也激起了更強烈的渴望，因此他決定報名健身房會員，以運動實現他的決心。他現在下班回到家不是打開電視，也不是對抗內在小孩，而是直奔健身房，逼自己待在那裡，直到更有自信戒除習慣為止。通常不需要太久。

”當內在小孩察覺到你的脆弱，它就會出來掌控一切；但只要你展現出堅定與力量，內在小孩就會退到一旁。“

不到幾個月，湯姆重拾的不只是人生，還有力量與身材。他新生的自信，能幫助他繼續進行自我對話訓練。他再也不會容忍內心那個扯後腿的小孩，那些曾經在他腦中反覆出現的想法突然停了下來。以前的他會聽信這些想法，甚至還會添加一些自己的疑慮，現在他只要判斷出是他的內在小孩想搏取他的注意力，就會自動反其道而行，往負責、投入的方向思考。自從湯姆徹底放棄他的殼，以前他的內在小孩覺得不可能做到的事情，現在都變成可能。

湯姆後來在健身房認識了新對象，而且你猜怎麼著？他的新女友不但從未發現他是情場新手，還覺得他很完美！他不需要累積經驗才能得到愛，他只需要有足夠的勇氣做自己。

你的內在小孩害你沒有自信，所以你一直無法了解，你天生的、自然的人格有多好用，為了擺脫內在小孩的束縛，你必須勇於挖掘真相，就像湯姆一樣。也許你覺得從自我懷疑的懸崖，跳向未知的世界，是魯莽的行為，但事實恰恰相反。你會發現看似危險至極的懸崖，其實根本不算是懸崖，只是一個錯覺，是你的內在小孩製造出錯覺，而你久而久之也怯懦地接受。

你就跟湯姆一樣，遲早需要「關掉電視」，做出必要的徹底改變，你必須夠魯莽，才能冒險相信自己。是，拋棄自己信任的殼，確實有點可怕，甚至恐怖，但要記住，信任自己的冒險其實一點也不危險，也不算魯莽。你之所以覺得危險、魯莽，唯一的原因是你已經習慣殼裡那種你能控制的生活。何不現在就做決定？**下定決心，願意為了讓自己更好而冒險**。如果你捨不得烏龜的殼，就要想清楚，你死守著殼內的生活，是因為你不願相信你在殼外也能有人生。

你現在是不是正在打造一個殼？當一個行為成了你的外殼，多半是因為它讓你覺得這樣比較安全，好像能掌控一些什麼，但其實只是為了躲開生活中不想面對的某個部分。按照經驗判斷，任何過度的行為，都應該靜下來問自己，我是不是在轉移注意力或逃避生活。

以下是幾種常見的殼：看電視或聽音樂、情感退縮、社會疏離、極度害羞、過度使用網路、暴飲暴食、酒精與毒品、賭博、過度跑步或健身、過度追求某種愛好、過度工作、疑病症（擔心自己有病而隔離自己）……當你發現自己困在某種行為模式，請誠實問自己在逃避什麼。

兩個面向

就像硬幣的兩面，刺蝟與烏龜型人格看似相反，其實都是為了同一個目標，這個目標就是控制，只是表現形式不同，一個人可能有時是刺蝟、有時是烏龜型人格。例如，丈夫在職場會展現龜縮態度，迴避衝突，躲在辦公室裡，絕對不招惹麻煩，但烏龜丈夫回到家，感覺安全了，對待妻兒可能就會像個刺蝟，咆哮、攻擊、冷暴力：「不要煩我，我今天已經夠累了！」

不是每一種防禦行為都可以預測。有時一個外在刺激，就足以爆發瞬間的負面反應，也許前一秒鐘還在攻擊，下一秒鐘就選擇撤退，一切全看當下能否掌控局面，對那些控制敏感的人而言，手段怎麼變都不是重點，重點只有一個：絕不能失控。我想起有些不可知論者（agnostic，編按：不確信神是否存在的人）的禱告詞：「如果真的有上帝，親愛的上帝，請聽我祈禱。」這段禱告詞顯然出自一個控制敏感的人——心裡既不敢相信，又不敢不信，只能維持一種假設性的祈禱——如果真的有上帝，請讓自己感覺仍能控制一切。

你獨特的性格，會讓你傾向採取某些防衛策略。經過一次次經驗與碰撞，你已經學會了哪些方式有用、哪些無效。你的內在小孩會一再選擇有用的方法。但請記住，對你的內在小孩有用的策略，往往正是最傷害你的。

練習建議

參考下表列出的常見龜縮傾向。每一項傾向旁有1（從不）到5（經常）的評分標準。請根據你過去三個月內觀察到的自身行為，為每一項龜縮傾向評分，將這份自我評估納入你的訓練日誌中。隨著你持續進行自我對話訓練，建議你定期（例如每月一次）重新進行檢測，以評估你的訓練計畫對這些傾向的影響。

評分方式很簡單：將所有評分相加。然後與前幾個月的總分比較，即可看出是否有所改善。

龜縮傾向	從不		偶爾		經常
看電視或聽音樂	1	2	3	4	5
情感退縮	1	2	3	4	5
社會疏離	1	2	3	4	5
極度害羞	1	2	3	4	5
過度使用網路	1	2	3	4	5
暴飲暴食	1	2	3	4	5
酒精與毒品	1	2	3	4	5
賭博	1	2	3	4	5
過度跑步或健身	1	2	3	4	5
過度追求某種愛好	1	2	3	4	5
過度工作	1	2	3	4	5
疑病症（擔心自己有病而隔離自己）	1	2	3	4	5

15

給像變色龍的你

大多數人都熟悉變色龍。也許沒見過真正體型袖珍、棲息在樹上、舌頭一伸可以捕捉距離自己體長一倍半之外的昆蟲的那種蜥蜴，但至少也熟悉變色龍變換膚色的獨特本事。形容一個人是變色龍通常帶有貶意，意指此人性格會隨著情勢而變。變色龍除了以偽裝保護自己的招牌本領之外，行動也很隱密，獨來獨往，會護衛自己的地盤，而且脾氣不好。這些特質很有意思，但不怎麼討喜，放在人類身上就更不討喜了。

人類變色龍也具有上述某些特質，但其中一項特別明顯，就是偽裝自己，以控制別人對自己的看法，這在蜥蜴變色龍身上叫做保護色，而在人類變色龍身上，就叫做裝假、虛偽、騙子。

在野外，通常是最無助、沒有其他自衛方法的動物，才會有保護色（不過保護色對於老虎、獵豹等捕食性動物來說，另有好處，但我在這裡說的是純粹將保護色用於自衛的動物）。保護色做為自衛工具，雖說不像爪子、翅膀、牙齒或毒液那樣華麗，仍然非常實用（去找找躺在你前方十五公尺雪地上的雪鞋兔，就知道有多困難）。人類變色龍雖然不會變色，但還是會耍詐騙人，也是操縱局面的高手。

我把變色龍分成兩大類，一類是政客，另一類是外交官。這兩類變色龍控制的手段，都是調整情境背景（引導你如何看待他們），或是改變內容（選擇要告訴你什麼），對於變色龍來說，除了要維持控制之外，沒有什麼是神聖不可侵犯的。

現在的你應該已經知道，人生是無法控制的。無論是變色龍的方法，還是這本書提到的其他控制策略，都難以真正讓人生變得穩定、可控，甚至往往只會適得其反，不但不能緩解那些讓你無能為力的症狀，還強化了你的內在小孩反應，而這正是慢性憂鬱與焦慮的根源。

人類變色龍會以合理化和否認，來掩飾真實的自己，所以旁人很難察覺他們內心真正的想法。大多數變色龍已經練就不假思索就能掩飾的本事，唯有在特殊情況下，他們才可能稍微意識到自己的行為，而能夠質疑自己的變色龍更是少之又少。就像所有的控制策略一樣，當一個人的自我防衛的心態越強，對改變和治療往往越抗拒，而變色龍人格又精於操縱，更不會想要改變那些好用的策略——既然有效，又何必改？

然而這種膚淺、空虛的生活方式，隨著時間拉長，就容易引發焦慮與憂鬱。心理問題有個特色，就是會讓你注意到，也會讓你謙卑，就連最強硬的變色龍，一旦受到難受的症狀折磨，也會開始思考自己的生活方式是否出了問題，這時自我對話就能派上用場。

”安全感只會來自你內心的價值和信念，絕對不是來自你的內在小孩。“

政客型變色龍

政客最大的野心，就是讓你認同他們的觀點，贏得你的選票。心理政客也一樣，他們通常很好辯，喜歡思考更甚於感受，而且他們認為自己的想法永遠不會有錯。對他們來說，沒有比觀點更重要的——他們的觀點。

我不曉得你怎麼想，但我聽一些政客在選舉時說的話，往往只聽見一堆為己牟利的陳腔濫調，我常試圖找出這些話背後的真意，就弄得自己很累。唉，真話，真話在哪裡？美國前總統柯林頓針對他的性醜聞，對大陪審團有過這段陳述：有人問柯林頓「是這樣嗎？」，他回答：「要看『是』這個字的意思是什麼而定。」

這句話在我看來，永遠能代表天下政客的精髓，也包括政客型變色龍。他們沒有核心價值，真相、罪惡、道德與現實，全都是相對的，就看你怎麼解讀。我沒有批評柯林頓總統的意思，絕對沒有，我覺得他沒有辜負這輩子的訓練，是一個徹頭徹尾的政治人物，政治人物與政治體系本就如此。但是我們在日常生活中，不太容易發現，也不太懂得如何與像政客的人（變色龍人格）打交道。

你們就是不了解我！

喬治是三十七歲的單身保險業務員，是標準的政客型變色龍。幾年前我輔導一個團體，他也是成員之一，無論團體成員丟給他什麼話題，他總能巧妙閃躲，也就避開了所有責任，可想而知問題終究會爆發。有一天晚上，成員要求經常遲到的喬治受到懲處（他每次聚會都會遲到至少十五分鐘），場面有些火爆。喬治說：

我可以理解你們對我遲到感到不滿……但平心而論，我真的每週都遲到嗎？我覺得應該不全是如此，不過大家既然這麼說，我也願意接受。我不是要給自己找藉口，但就今天晚上來說，我工作到很晚，還要打電話給幾位客戶，我再怎麼重視這個團體，重視各位，我對客戶還是有責任的。我已經盡全力縮短電話時間了，否則還能講上一個鐘頭，但你們對我來說太重要了，於是我匆匆掛上電話，盡快趕到這裡。我甚至差點被開超速罰單，但我寧願被開罰單，也不願意再多遲到一分鐘。

團體成員聽膩了這些話，不想再聽喬治說這類不否認的否認。喬治察覺到氣氛緊張，再加足馬力：

各位應該都吃過晚餐了，對吧？我也可以先吃個漢堡再過來，但我沒有，我是想告訴大家，我有多努力，我真的盡力了。各位可以站在我的角度想想，只要從我的角度想想，很快就會發現我對這個團體的投入，不會比各位少。想想我為了參加這個團體，犧牲了那麼多，應該說我或許太投入這個團體了。我真的覺得，大家對我要是能寬容一點，就太好了。

團體成員勉強接受喬治作秀式的悔意。但是才過一陣子，喬治的悔意就消失了，他繼續遲到，而且每次都有理由，應該說藉口才對。

成員再也不想聽他的任何藉口，但他退無可退也就沒什麼好怕的，他只是一再向團體成員強調，他其實是個很好的人，只是被大家誤解而已。（就像柯林頓說的：「要看『是』這個字的意思是什麼而定。」）

以下是政客型變色龍的三種跡象：

一、**政客型變色龍不會為任何錯誤負責**（也不會接受任何批評）。他們總有理由，總有「是的，但是」。很少聽到政治人物會直接說「你是對的，抱歉」（只要收看電視上的政治記者會，就會明白我的意思）。政客必須要人們相信他們的說詞，才會感覺自己能控制局面。

二、**政客型變色龍非得說服你認同他們的觀點不可**。「你怎麼會覺得剛剛那部電影不好看？我來跟你說好看在哪裡……」他們需要「永遠是對的」的招牌，才能控制別人。

三、**政客型變色龍不見得會說謊**。他們很會巧辯，知道該怎麼扭曲真相。「我下班以後先喝一杯再回家，是完全正確的，與其回家之後把怒氣發洩在你跟孩子們身上，不如先放鬆一下再回家。」再微小的道理他們都能找出來佐證自己的論點，所以他們會認定自己是對的。

”蜥蜴變色龍有個很有意思的特質，眼皮皮膚與身體皮膚完全一樣，眼皮這層膜只有一個針尖大小的小孔，小傢伙就隔著這個小孔看東西。政客就像蜥蜴，只能被狹隘的慣性反應局限，很難有更寬廣的視野。“

政客型變色龍的自我檢測

政客型變色龍通常不會注意到，自己為自己辯解的角度很像政治人物，所以最好還是做個自我檢測，看看你的反射式思維像不像政客。每題皆以大致是或大致否來回答，如果不確定就先空著。

是　否　我一定是對的。

是　否　就算被批評，我通常也能扭轉劣勢。

是　否　思考比感受有價值多了。

是　否　我必須受到喜愛、欽佩、重視。

是　否　與人爭論，我是絕對不會讓步的。

是　否　即使我說的話自己都不相信，還是一定要辯贏。
是　否　我很難接受批評。
是　否　我一旦受到威脅，就會精明算計。
是　否　感情通常會礙事。
是　否　我很難承認自己犯了錯。
是　否　我總能為自己的所作所為找理由。
是　否　與其打敗對手，不如說服。
是　否　我常常把別人當敵人。
是　否　再怎麼小心也不為過。
是　否　我通常很有說服力。
是　否　我不會讓自己受別人影響。
是　否　對我來說，贏比正確重要。

如果你回答的「是」介於十三至十七個，那麼你有很強的政客型變色龍傾向。若是介於八至十二個是，則有中度政客型變色龍傾向。若是四至七個，則是輕微的政客型變色龍。若不到四個是，那就幾乎沒有或完全沒有政客型變色龍傾向。

外交型變色龍

第二種變色龍是外交官，又稱什麼都說好的人。政客是想改變你的想法，外交官則是想安撫你。但在你被那些奉承包圍之前，請先提醒自己，那些安撫的話語，未必真與你的幸福或滿足有關，這都是外交變色龍控制你的手段。當你對外交變色龍感到滿意的時候，就不會對他們形成威脅，既然你不構成威脅，那他們就等於控制局面。這段話是外交變色龍的經典寫照：「警察先生，你說得對，我確實超速了。抱歉造成您的困擾，您的工作已經夠辛苦，還要追逐像我這樣粗心大意的人。」

對於外交變色龍來說，最糟糕的情況，就是有人生自己的氣。誰能預料生氣的人會怎麼做？外交官面臨這種不確定性，會感到不安、失控，對於冒犯別人也會很緊張。

力求平和

魯迪的女友瑪麗被魯迪的同事搭訕，來看看他的反應：

自從我打電話要同事離瑪麗遠一點，我一整天都好不安，昨晚還恐慌發作，向我媽要了一顆鎮靜劑吃。我一直在想：「為什麼？為什麼？為什麼？」我不知道我是怎麼了，我應該不要理他才對，瑪麗也叫我不要理他，我幹嘛不聽她的？

我的理智好像斷線了。我還記得我對著他大吼大叫，都不知道自己說了些什麼。他沒有什麼反應，只是冷笑……所以現在到底是怎樣？

這簡直不像我，我沒那麼蠢過，我現在也不知道能怎麼辦。他會不會已經被我惹毛，要來對付我啦？我一直覺得他怪怪的，說不定他是那種拿著球棒，準備教訓我一頓的人，或者用別的方法整我，說不定他會打電話給我老闆造謠，威脅我女朋友，砸爛我的車什麼的。誰知道他有多少本事？我怎麼可能放鬆戒備？也許他幾個月後才會下定決心要動手。我要到什麼時候才能放心？

可憐的魯迪不習慣大膽表達自己的感受，所以才表現得這麼神經兮兮，魯迪對同事大吼大叫，一點也不像平常的他，實在太不圓滑了！他平常從來不興風作浪，連水花都不曾掀起，就是想掌控局勢，盡量避免不良的後果，他覺得「滿足他們，他們就不會煩你」是至理名言。焦慮的魯迪想出了一個解決方案（只可惜那是他內在小孩的解決方案）：

我很想找他談，讓他知道我並不介意。我會主動找他握手，請他了解我為何如此生氣。我現在覺得好多了。

魯迪心情好轉，是因為他找到重拾控制的方法（他的內在小孩想到的方法）。這個方法與他的信念與意願無關，而是他想以外交的圓滑手段，好好安撫對方。雖然不怎麼理想，但至少他覺得很安全。懂得外交手腕，除了最棘手的難題之外，確實能解決幾乎所有問題，但要付出什麼樣的代價？

本書已經一再證明，控制，是追求安全感的短視手段。魯迪可以一輩子討好所有人，如履薄冰，迴避衝突，但真正值得研究的問題是，像魯迪這樣的人，在一個連情緒都得壓抑的世界裡，內心真的能感覺平和嗎？也許會得到平和，但不會得到慰藉。

想說「不」，說出口的卻是「是」

外交變色龍總是有求必應，無論對誰、對任何事，都很難說不。即便因此而必須承擔難以承受的責任與要求，也在所不惜，反正就是沒辦法拒絕。其實這樣說也不完全正確，只要拒絕的理由不是他們的錯，外交變色龍就能心安理得地拒絕，例如：「我很樂意幫忙，可是我剛好要外出，不會在這裡。」這樣一說，他們就不必擔心會惹怒你，因為錯不在他們。

五十三歲的公司職員麥特很難拒絕別人，大家都喜歡麥特。當然喜歡，因為他會盡心討好每一個人，有事找他幫忙，他都會笑著完成。但是不要被他的笑容誤導了，矛盾與焦慮其實正在他的內心沸騰：

我跟老闆說，我下週末會跟他一起飛到芝加哥，敲定先前在談的一筆生意的具體細節。然而昨天晚上我的好友興奮得打電話來，他剛拿到世界大賽的兩張門票，叫我一定要去。他的門票是世界大賽的第五場，剛好是我在芝加哥的時候！我真不知道我是怎麼了，那時在電話上，我知道一定要拒絕朋友，也知道我沒得選擇，結果我是怎麼說的？我竟然說太好了，我巴不得現在就去。我看我簡直是瘋了，我就是沒辦法拒絕。更瘋的還在後面，我不但沒拒絕，還讓我的好友充滿期待。我看我不是瘋了就是傻了！

朋友買到的門票是世界大賽的第五場。紐約洋基隊要是七戰四勝贏了前四場，那我就解套了，我可以一早就飛到芝加哥，跟老闆碰面。但洋基隊要是輸了一場，我就死定了。我真的不知道我會怎麼做。

麥特運氣不錯，洋基隊在世界大賽大獲全勝，他也就解套了。他可曾從中學到任何事？有的，他發現他的世界大賽困境其實並不罕見，他回顧以往，類似的情況出現過好幾次，有些是自然解決（例如洋基隊大勝），有些是他偷偷擺脫（假裝生病或受傷），還有一些則始終沒有解決，留下一連串的傷疤與怨恨。

麥特尤其無法抗拒別人的邀約。許多年來，他做了不少他超討厭的事，他喜歡的是啤酒、熱狗和球賽，但這些年卻任由自己被逼著去看歌劇、芭蕾舞，還有大都會藝術博物館的展覽。麥特最近發現，他的睡眠常常斷斷續續，而且過去一年來情緒很不穩定。麥特與我剛開始診療的時候，想以龜縮迴避的方式解決問題，他是真的想躲開所有人。

幸好，我們開始討論的時候，麥特還來不及替自己打造一層牢不可破的保護殼。他還是很想知道該如何說不，我們從自我對話開始。他很清楚，只要有人請他做事，他的內在小孩就會開始恐慌。「你說得對，我感覺我像個小孩，怕說錯話會惹麻煩。」麥特必須知道，他的內在小孩無法拒絕，不代表**他本身**就無法拒絕。麥特目前還不敢想像不靠那些外交手段要如何過日子，但他體會到，能做自己想做的事，感覺還是挺不錯的。

我請麥特不要再聽內在小孩的聲音，而是要學會聆聽自己較健康、成熟的心聲。我與麥特進行角色扮演，假裝邀請麥特一同出席各種場合，麥特很喜歡這種練習，他發現在沒有風險的環境中，說「不」並沒有這麼奇怪，而且熟練之後，一切都沒那麼困難。他忍不住笑著對我說：「抱歉醫師，我這個週末沒辦法跟你去。」他臉上帶著笑，因為他很喜歡這種感受，很喜歡說出想說的話的感覺，試著成為更真誠的人，讓他覺得生活更自由、更有活力。治療結束後，他幾乎是盼著能有機會說不。機會很快來臨，不久之後的晚上，麥特與妻子坐在一起，這時麥特的姊姊來電，邀請他們夫妻前來參加她女兒週六舉行的鋼琴獨奏會。這個婉拒的挑戰可不簡單，但麥特已經做好迎戰的準備。

他很期待在那個週六與一位老友一起打高爾夫，實在不想待在悶熱的禮堂中，不斷看著自己的手錶，苦等一切早點結束。麥特的內在小孩催促著他趕快說：「沒問題，我們會去。」但他這次沒理會，而是吞了吞口水、深呼吸之後再說：「抱歉，我週六另外有安排，沒辦法取消。」下一個環節對麥特來說也很困難，他的內在小孩拚命要他收回剛才的婉拒，要他說：「嗯，說不定我可以取消，我再跟你聯絡……」他要抗拒這種衝動，他下定決心，堅守立場，硬逼著自己度過電話中那段難熬的沉默。他的姊姊有點驚訝，沒想到會被拒絕（畢竟沒人能想起麥特最近拒絕過什麼事），但她還是說她能理解，就掛上電話。

小提醒

外交型變色龍必須要練習說不。如果你總是習慣說好，那麼一定要練習說不。首先直視鏡子裡的自己，然後堅定地說：「不，這件事我不會去做。」只要能夠將「不」說出口，就是踏出重要的第一步，同時搭配自我對話練習，將逐漸擺脫想討好所有人的反射性習慣。

麥特的心情很複雜。他很高興星期六可以做想做的事，不必枯坐著聽古典音樂，但他同時也覺得恐慌。我們在下一次見面時討論他的恐慌，麥特發現他不太適應失控的感覺。他拒絕姊姊的邀約，心裡隱隱擔心自己會被埋怨，他很明白，只要繼續當個總是討好的外交變色龍，就永遠不會有這種脆弱的感覺。麥特經過一番理性的思考與自我對話後，才發現他的脆弱只是一種習慣——一種除了搞砸他的人生，沒有其他作用的習慣。

當麥特繼續練習「說不」時，仍需要面對自己的焦慮，他不太相信自己還能再擁有更多安全感。起初，「說不」對他來說是苦樂參半的體驗，他喜歡拒絕後解放的感覺，但是拒絕的後果仍然讓他極度焦慮。麥特的不安全感沒有實質的依據，他的焦慮和恐慌，其實是很久以前與父母爭執時留下的聲音，這些聲音在他的生命中繼續迴盪，至今仍影響著他。

我們剛開始進行治療的時候，麥特一直無法突破的原因，是因為他太在意自己的不自在，他沒有強勢與他的內在小孩正面對決，而是越來越擔心內心的憂慮。我不知道，不確定這樣有沒有用，我很沒有把握，我好像退步了。我不應該覺得不安，應該要覺得更好才對。我是怎麼了，為什麼這麼擔心這個？

我請麥特把這些症狀當成感冒症狀，鼻塞、喉嚨痛、頭痛什麼的，確實是不舒服，但不需擔心。我告訴麥特：「你感冒的時候，越不去在意症狀，感覺反而越好，有時候根本忘了自己生病。焦慮也是一樣，你越是專注在症狀上，就會越緊張。還不如接納這些心理症狀，就像你接受自己流鼻水一樣，然後忘掉，將注意力轉向你的內在小孩，那才是唯一重要的事。你的症狀本身並不重要，真正重要的，是打破那些讓你陷入不安的慣性思維。」

麥特持續而平穩地進步著，他很努力，最後總算戰勝他的內在小孩，擺脫不安全感的習慣。麥特了解他不需要討好所有人，也發現以更真誠的態度生活、照顧好自己，其實很簡單，而且是很自然的一件事。他逐漸明白，適時拒絕和誠實表達自己，並不會讓他變成壞人，他即使做真實的自己，依然是有價值的人。外交變色龍要是不懂得這個簡單的道理，就會永遠覺得自己的願望遙不可及，只能深藏在心。

練習建議

變色龍人格往往難以察覺，因為他們披上一層合理化與否認的外衣，掩飾了他們真實的內心。讀完政客型與外交型這兩種類型的變色龍後，盡可能客觀地審視自己，如果你懷疑自己可能有變色龍傾向，尋求他人的意見會非常有幫助，像是配偶、朋友或親人，往往能提供你看不到的觀察。有時候，某些特定的行為模式或習慣，比如「嘴上說好，其實心裡想拒絕」，就可能是變色龍傾向的表現。

由於變色龍人格難以客觀評價，建議你盡力做到以下幾點來輔助自我評估：一、明確識別出具體的變色龍傾向行為；二、依據自身感受，判斷這些行為發生的頻率（可以使用下列頻率量表）；三、定期重新評估這些心理傾向，以記錄你在自我對話訓練過程中的進展。

變色龍頻率量表

1	2	3	4	5	6	7	8	9	10
從不				有時					總是

16
給完美主義的你

我們先來評估你的完美主義的嚴重程度。以下每題皆以大致是或大致否來回答。

是　否　做任何事情，都要照我的意思做，否則我無法接受。

是　否　我無法容忍身體不適。

是　否　我必須維持形象。

是　否　事情出錯我會焦慮。

是　否　我通常是對的。

是　否　細節在生活中是很重要的。

是　否　別人叫我控制狂。

是　否　我討厭事情出錯。

是　否　想把事情做好，就必須親自動手。

是　否　我很難準時。

是　否　我非贏不可。

是　否　我不願意讓別人開我的車。

是　否　我每件事都容易做過頭。

是　否　我從來不會措手不及。

是　否　我無法容忍錯誤（無論是我自己的，還是其他人的）。

是　否　我太在意準備工作。

是　否　有人說我太講究（或狂熱、癡迷）

是　否　有人說我太嚴苛。

是　否　我做事必須做到百分之百。

是　否　我理性多於感性。

你回答的「是」若介於十六至二十個，你絕對有完美主義的傾向，必須展開自我對話的練習，不能任由這種自我防衛機制持續。

若是介於十一至十五個，你有中度完美主義傾向，要注意這一章的提醒，不要任由情況惡化，發展出死板、強迫性的行為。

如果介於六至十個，你沒有嚴重的完美主義傾向，但你遇到壓力，可能偶爾會以完美主義保護自己。

要是你的回答在五個「是」以下，代表沒有嚴重的完美主義傾向，你已經懂得如何去面對生活的挑戰，繼續相信這樣的方式，不需要過度控制。

絕對不能普通

完美主義者分為三種：明星、狂熱者和控制狂，這三種類型有一個共通點就是，都相信只要夠努力，就能消滅（控制）人生的弱點。邏輯很簡單：你的為人處事完美無瑕、無懈可擊，便沒有人能傷害你，當事情都照著你的規畫排列好時，你就會覺得一切盡在掌握之中。

不積極的懶人是不會有完美主義性格的，完美主義需要全心投入、全年無休的態度。刺蝟的特質是敵意，烏龜的特質是退縮，變色龍的特質是操縱，而完美主義者的特質，是極高的標準與不懈的努力。無論是清理衣櫥、考試，還是影響別人的意見，完美主義者別無選擇，只能表現完美，而且每一次都要表現得很完美。

完美主義者也是勢利的人——是控制欲很強又勢利的人。拿第二名、考試考得不好、上衣有污漬等，別人可能無所謂，完美主義者絕對不能接受。沒有任何彈性，一定要是第一，最佳，而且不能有瑕疵。完美主義者尊崇這種強迫性的生活，認為是更高尚的使命，他們是菁英主義者，視平庸為詛咒。你想讓完美主義者尷尬，只要說他們「一般般」就好，一般般的評語一出，他們就會焦慮、憂鬱，接著就會瘋狂想扭轉這種罵名，「我一般般？才不是哩！」在完美主義者的世界，勝利不是一切，而是唯一，他們的人生被非黑即白的二元對立思維、狹隘的視野催促著不停努力。

完美主義者只知道一種快樂，那就是唯有活得完美無瑕，才能控制人生，主宰人生。這種觀念有點道理，但也是很大的缺陷，你要是相信只要做到完美無瑕，就不會帶來脆弱、不安，那你就會被迫不停地追求完美，否則只要一有瑕疵，就會陷入痛苦。這與其他的依賴或成癮一樣（毒品、酒精、賭博、花錢、暴食等等），你從外部力量尋求更好的感覺，就會在無意間生成一**定要有**的心態。完美主義就像毒癮，會讓你思想狹隘，要求事情不但應該按照規畫排列，還得要服服貼貼，一點都不能歪。

在其他人眼裡，完美主義者往往很完美，家裡一塵不染，車子剛上好蠟，衣著無可挑剔，車子從來不會沒油，而且他們都是贏家、領導者，特別是明星型完美主義者。完美主義者無論做什麼，都會全力以赴，毫不保留，相信「沒有征服不了的高山」。他們往往活得像超人。怎麼不是呢？他們一天做完的事，往往比大多數人一週還多，其他人相較之下，顯得多麼懶惰無能啊。但不要被完美主義者眼花撩亂的成就誤導，接下來仔細探究。

悲慘的完美人生

想了解完美主義的缺點，關鍵在於要知道完美主義其實不是追求完美，而是避免不完美，問題就出在這裡，對很多人來說就像是一種無形的詛咒。一根頭髮出現在不該出現的地方，報告的一個字拼錯，盤子上的污漬，都會引發他們嚴重焦慮。這樣生活真的是壓力太大，必須隨時待命，控制一切，絕對沒有搞砸的空間。完美主義者的高標準生活，就是與焦慮、壓力為伍。

如果你是完美主義者，長期生活在追求完美的焦慮中，只會耗盡心力，終至憂鬱。完美主義就像所有的控制策略，越覺得焦慮與憂鬱，就越想加強控制，而不是適度放手，控制的行為終將演變成一個不斷擴大、如下圖一樣的惡性循環。

陷入控制循環的完美主義者，即使走進診療室，也不想擺脫他們對完美的執著，絕對不想。他們其實是想成為更好、更完美的神經病，不但不想拋棄自我防衛機制，還想幫這個機制上油，讓它運作得更順暢。

完美主義者很難相信，也很難接受「完美並非萬靈丹」的道理。就算在接受治療的時候，他們也想當個完美病患，會帶著筆記，寫下自己的夢想，要求醫生開作業，時間到了還會依依不捨。尤其是明星型完美主義者，還想成為你最喜歡的患者，甚至暗自希望你不要再治療，才能領會他他們的問題有多美妙。

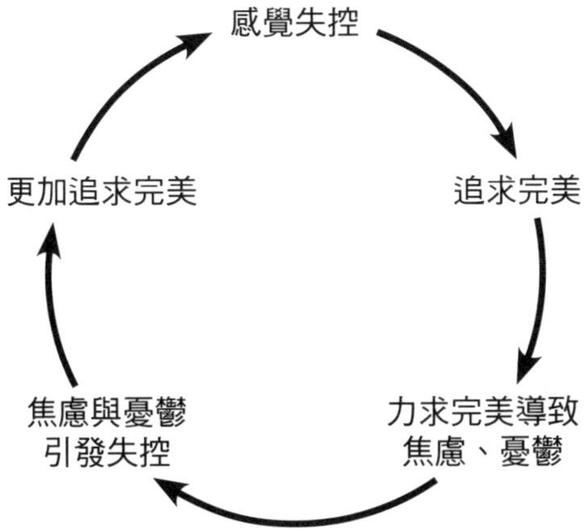

> **完美主義其實不是想追求完美，而是想避免不完美。**

從哲學的角度看，追求完美目標如此崇高，為何會是個問題？答案很簡單：大自然討厭完美，至少是討厭完美主義者定義的完美。完美主義者自認為在追求崇高的美學理想，但其實只是在尋求一項工具，這項工具只有一個乏味的用途：控制。這種吹捧出來的完全、完美控制的錯覺，顯然讓很多人欲罷不能。你知道把房間打掃得恰到好處、準備一頓完美的晚餐，或是給人絕佳的印象，感覺會有多麼美妙，你志得意滿，達成目標之後享受成果，都是正常的。

> **精進自我，持續學習，向前邁進，這些都是有益也值得追求的目標。努力接近理想中更好的自己，是沒有問題的，但前提是要把這份理想視為前進的方向，而不是非達成不可的現實要求。若一味堅持完美，那麼原本讓人生成長的有益願望，就會變質為控制人生的有害渴求。**

如果你有完美主義傾向，你對自己的成功大概不會感到意外，你全心投入每一項任務，堅信自己的好運是自己造就的。你別無選擇，**必須**成功，而且要做到完美，插花要賞心悅目，甜點要入口即化，穿著要挑不出毛病，這些都是應該、務必做到的。不會誤會，完美主義者並非所有時間都在工作，他們也會停下來享受成就與榮耀，但這種享受極其短暫，下一項挑戰已經在敲門，再下一項隨後就到，更多其他的挑戰還等在後頭呢。

閃閃發亮的並非都是金子

一般而言，完美主義者通常相當成功。他們因為成就斐然，往往受人欽佩，甚至也有人會嫉妒他們。我在研究所時期，我們夫妻與另一對夫婦相處融洽，他倆堪稱超人夫妻，都是完美主義者，無論用什麼標準看他們的人生，幾乎無懈可擊。他們有三個孩子，家裡一塵不染，車子總是閃閃發光，庭院裡的盆栽終年開花，草坪一無雜草，而且車庫裡的釘子、螺絲釘與工具不僅懸掛得整整齊齊，還一一標示（我看了好羨慕）。丈夫在大學裡有個壓力不小的職務，竟然還有餘裕參與孩子的每一場少棒聯盟比賽、排球比賽和家長教師聯誼會。妻子有兼職工作，在孩子就讀的學校擔任輔導媽媽，連續三年擔任家長教師聯誼會會長，有世界級的精湛廚藝，還是空手道黑帶。妻子與我真是相形見絀。

這對超人夫妻的精力與能力，似乎遠遠超過我們。我們與他們失去聯絡的多年之後，偶爾還會感嘆自己的生活太混亂，為什麼不能向人家夫妻看齊呢？我的車庫至今仍亂得有如障礙訓練場，我的草坪有如蟲蟲的夢想國度，我們家大半時候連美好的邊都沾不上。多年來，我們以為是因為自己不夠積極、不夠完美才會如此。

妻子與我都成熟了，現在對於我們所謂的短處，有了不同的看法。我的學業完成之後，我們從加州搬回東部，幾年後我接到超人朋友十幾歲的女兒來電，她想請我幫忙，她的父親酗酒已有一段時間，母親則是陷入憂鬱。我與超人先生談了談，他坦言，他們夫妻已經精疲力竭，不想繼續在一起了。

他們看起來如此完美。遺憾的是，他們為了維持完美的形象，身心早已不堪負荷。是，只要你願意，確實可以維持完美、成功或全能的形象，只需努力、警覺、堅持、韌性、恐懼、強迫、壓力和全力投入，而且要全天候、全年無休，你確定值得嗎？

令人困惑的是，你不但相信自己能顧及每件事，還一再證明你確實做得到，那麼，再多努力一點，有什麼不可以呢？然而，這樣的想法是短視又危險的。當你不斷用不自然的努力，來撐起一個看似完美無瑕的生活，遲早會碰上一個無法忽視的現實：你唯有完美，否則不可能快樂。這樣的世界很可怕，只要出一點小差錯，有小地方不夠周到，你就會陷入焦慮與憂鬱，急於奪回控制的寶座，那種不斷自我要求的生活，多麼違反人性。**與其執著於完美，不如問自己為何需要完美**。如果不完美會讓你感到焦慮，那麼你應該警覺到，你的人生可能已經受到反射式思維制約了。

完美主義的三種類型

完美主義者分為三大類：明星、狂熱者和控制狂，三者都具備非黑即白的二元對立思維，和狹隘僵化的觀點。正因如此，有這些共同點，他們之間有許多相似之處，也有各自不同的有趣之處：

一、**明星型完美主義：**明星最渴望的就是掌聲與認同，他們深信，別人要是欣賞你（和你的成就），就不會傷害你，這樣的渴望本質上也是一種控制。明星認為人人都喜歡強者，而他們自然要成為那個耀眼的焦點，他們多半是領導者，不會是追隨者，而且總是試圖在世界留下深刻的印記。

二、**狂熱型完美主義：**狂熱者是我們印象中典型的完美主義者，他們也喜歡別人的掌聲，但與明星型完美主義不同，別人的肯定對他們而言不是首要目標，對他們來說，狂熱行為的主要目的，是消除所有缺陷，以免暴露自己的不好與脆弱（如果碰巧能得到肯定，那是順帶的好處，但非必要）。狂熱者對於生活的某些層面（甚至可能是方方面面）都很執著、很講究，比如堅持衣櫃、車子或外表必須極其整潔，有些則是對自己的目標、嗜好、社團、宗教或運動極度投入。他們凡事都要做到極致，不能接受事情只做到一半，對每件事都不容妥協，很難接受有瑕疵的結果。

三、**控制狂完美主義：**控制狂與明星型、狂熱型完美主義者有一個很重要的差異，就是他們不諳社交。明星型完美主義者執著於他人的讚賞與肯定，狂熱者往往（但也並非完全）在意自己的形象與他人的看法，控制狂則幾乎不在意他人怎麼看，只在乎自己能做到絕對控制。無論是控制人、事、物，或預測並干預各種可能發生的事件，控制狂不會將任何事情輕易交給命運，一切都必須牢牢在自己的掌握之中。

明星型完美主義

明星型的完美主義者多半是領導者，可能是各社團、組織的會長，他們是贏家，喜歡豪賭，會拚命留在鎂光燈下，只要獲得眾人肯定，就感到心滿意足。他們相信「每個人都喜歡強者」，所以願意不計代價成功，失勢、過氣、沒人在意，對他們來說是一種恐怖的失控，跟被遺忘、被排斥也差不多了。明星型完美主義者的內在小孩，會打造出一個脆弱的自我形象，常常需要眾人的肯定，才能支撐起自己。

明星型完美主義有時候並不明顯，難以察覺。二十四歲的蓋瑞是我當時正在協助的一位年輕人，在得知自己為了當明星人物，所付出的努力，卻反而是在傷害自己時，他感到震驚萬分。「我真的不懂，女人為什麼都不欣賞我。」他向我報告的成就清單如下（以下是簡略版）：「我大學畢業，會談鋼琴、吹小號，我看很多書，有一份好工作，運動也很拿手。我還會攝影、畫畫、寫作……像我這樣的人有什麼不好？我覺得我的條件很好，我還想回學校進修呢。」蓋瑞想做到每件事，成為完美的人，他的內在小孩讓他相信，成就越高，女人就越難抗拒他的魅力。

蓋瑞需要的不是回學校進修，也不是另一項成就，而是自我對話。首先，他的內在小孩一再告訴他，他必須超越眾人，才會有人喜愛、重視他。實際上，他不該再聽內在小孩胡說八道，內在小孩的心理邏輯很簡單：越多人欣賞你，就代表你越好，只要比其他人優秀，就能控制別人對你的觀感。

蓋瑞運用訓練計畫持續跟進理解自己，很快就精準觸及問題的核心。他說：「我有『小個子男人情結』。」這不是他深藏在心底的感受，但他還是覺得很難以啟齒，他說出這句話時的神情，就像是在坦承一個藏了多年的祕密，簡直像犯人終於鼓起勇氣認罪，畢竟這是他內心陰影的一部分，多年來始終無法輕易面對。

「大家都覺得我是他們認識最陽光正面的人，他們絕對不會相信我其實過得一團糟。」他似乎與惡魔達成協議：「讓我成為明星人物，別人就不會注意到我有多矮。」他的內在小孩彷彿困在青春期，執著於追求權力、力量和男子氣概的心結裡，走不出來，他注定只能當「小個子男人」，那麼他無論怎麼做，都不可能擁有男子氣概。這是蓋瑞一生都走不出的困境，他也因此感到憂鬱。

當蓋瑞開始與自己對話的時候，很快就察覺他的內在小孩對他的影響，他老是挑剔自己、打擊自己，他的內在小孩也不斷在生活中創造各種機會，讓他打擊自己的聲音得以延續。舉個例子，要是有人對蓋瑞表達善意、尊重他或肯定他的成就，他的心情不但無法放鬆，反而會陷入焦慮，畢竟對他而言，成功是短暫的，豈能滿足現狀。

蓋瑞只得不斷努力，停不下來，他相信必須繼續表現出色，否則就會顯得「低人一等」（此處一語雙關）。以前我曾問他，為什麼覺得身材矮小這麼可怕？他聽了，就好像我往他肚子打了一拳，皺眉說道：「你那麼想知道，那我就告訴你，我覺得我只算半個男人！」聽見這番話，我差點從椅子上摔下來，對他說道：「這很荒謬。你繼續縱容內在小孩上演這種鬧劇，才會像半個男人，別再這樣下去，你現在就是個完整的男人。」

蓋瑞第一次意識到，他長期以來一直縱容著自己，被那些不經大腦的反射性念頭牽著走，只要內在小孩一說話，他便不自覺低下頭接受，就像他自己形容的，他「認命」，毫不掙扎地就接受內在小孩貼在他身上的「半個男人」標籤。後來他終於鼓勵自己「別再這樣下去！」，他深受這個想法吸引：只要能戰勝內在小孩，感覺就會更好——不過吸引歸吸引，他並不是完全相信。他的內在小孩時不時會頑強抵抗，一連幾週又踢又叫又耍脾氣，蓋瑞越是有意識地用自我對話回擊，內在小孩就越是掀起一波又一波的不安全感：「我不會改變的，我這是在騙誰？我一輩子就只能當個小矮子，不會變的。天底下沒有一種治療，能讓我長高一公分。」

不過蓋瑞很快就發展出足夠的力量，不讓他的內在小孩掌握話語權。他在他的訓練日誌的某一頁寫道：「在意我的身高的不是我，是我內心的那個小孩。我覺得我現在完全明白了，我可以選擇接受內在小孩的看法討厭自己，也可以對抗。我選擇對抗！沒錯！我雖然身高不高，但總還有別的長處。我寫下這些的時候感覺好蠢，我當然有別的長處！我一定要明白這點。我覺得我只要對自己說：『我夠高。』就能化解這個心病，只要說出來，而且要相信！」

蓋瑞必須持續堅定地對抗內在小孩反應。一般而言，內在小孩為了維持話語權，會變本加厲搞破壞，我告訴蓋瑞，這代表他的對抗已經開始奏效。我鼓勵他：「不要鬆懈。你除了失去不安全感，沒有什麼可失去的。」他沒有放棄，而是繼續激勵自己，也發明了為自己加油打氣的口號：「我不需要長高，我只需要長大！」他每次對抗內在小孩反應，都會用這種方法來肯定自己。

蓋瑞的完美主義人生，其實是為了掩飾他的不安全感，而精心塑造出完美形象。他真實的內心用最簡單的話就能夠說明白：我不需要有多完美，我只要更有安全感，不是外在的安全感（成就），而是內心的安全感：「我不需要靠長高得到自信，我需要的是長大。」當他看清這一點之後，就完全沒理由繼續以內在小孩觀點看世界。

小提醒

試著評估你內在小孩的年紀，對擺脫他們會有幫助。舉例來說，如果你亂發脾氣，可能代表你正處於一個高度退化的幼兒狀態，言行舉止像兩三歲那樣：「不要煩我，我什麼話都不想說！」如果你的內在小孩過度重視外表，你可能正處於青春期狀態，青春期的孩子最重視的就是外表的吸引力，也是青少年最容易執著的地方。

狂熱型完美主義

狂熱分子是典型完美主義者，對任何事情都能狂熱：工作、衣著、購物、飲食、潔淨、運動，反正什麼都可以。

我很迷天文，參加一個社團舉辦的觀星派對，民眾可以前來享受星光下的夜空，我是第一次參加。我看到身旁一位先生在架設望遠鏡，覺得好驚訝，他的配備還真齊全，有三腳架、防露罩、接目鏡、攝影機、光害濾鏡、星圖、濾鏡，甚至還有電腦輔助追蹤系統，穿著電熱襪、電熱手套，還戴著能在夜間照明的頭戴式頭燈，他最後從休旅車的後車廂搬出一張折疊桌，還有可調整的折疊椅。他很得意地告訴我，他對自己的望遠鏡有多熱愛。

我想，觀星派對上的這位夜行朋友，應該是真心熱愛這個活動，而不是出於一種非得掌控什麼的強迫心態。狂熱若是源自熱情，而不是因為沒安全感而覺得「非做不可」，那通常會是一種有益且往往能恢復身心健康的力量。反過來說，無論是對健身、社團，還是對工作，這份狂熱若是源自不安全感，那終將耗盡你的心力，讓你身心俱疲。

若你去過狂熱型完美主義者的家，看過他們修剪整齊的草坪，讚歎他們精心維護的精緻生活，一開始也很難判斷，他們的這些表現究竟是源自正常的熱愛，還是因為缺乏安全感。這兩者的區別很重要，這一章後面還會再詳細討論，至於現在，如果你懷疑自己是狂熱型完美主義者，只要想想你有多快樂，就能簡單判斷。**如果是熱情在引導你打造現在的生活，那麼你的生活想必是充滿快樂與滿足的**。如果常常陷入沮喪、壓力、焦慮與憂鬱裡，或許就該承認，這種過度執著的生活方式，早已讓你深陷困境。

就像妻子與我在研究所時代認識的那對完美夫妻，想達到那樣十全十美的境界，必須付出極大的心力。也有如短跑，你在起先的一百公尺也許表現不錯，但無法維持太久，勉強去做只會付出慘痛的代價。

傑克是我的患者，一個飽受焦慮與憂鬱困擾的人，他努力維持健康的生活，卻總感到力不從心。他無法接受自己五十歲的身體會老化、鬆弛，或是以任何方式辜負他。他的腰圍維持在很標準的三十二吋，自豪自己已經兩年沒感冒，也認為像他這樣嚴格要求自己的人，老化只不過是一種「迷思」。他做重訓、慢跑，是他家附近健康食品店的常客，他還是一位熱中做菜的大廚，他的豆腐菜餚、鮮榨果汁和有機蔬菜沙拉，都是高級餐廳的水準。傑克對於養生確實非常投入。

當傑克嚴格執行自己的養生日程時，他的感覺確實很棒。然而，他之所以找我尋求治療，是因為他感覺生活中的一切——他的妻子、子女、老闆、帳單，以及應盡的義務——都在妨礙他追求永遠年輕的理想。他的時間總是不夠用，哪怕只是休息一個下午，或在外待得晚一點，都成了一種奢侈。沒人了解他為何沮喪，他也越來越焦慮，歷經了幾次嚴重的恐慌發作，後來打了電話給我。

問題就在於，傑克不但沒有設法讓生活恢復平衡、減輕焦慮，反而還不斷為已經不堪負荷的生活增添更多壓力。比如，在我跟他見面不久之前，他認為保持身體的柔軟度和彈性，是青春不老的關鍵，於是報名了瑜伽課，那時他已經每晚去健身房運動，接著還要去上瑜伽課。傑克有如著魔般想控制所有事，他的目光狹隘又固執，甚至像是被強迫一樣，無法容忍自己控制不了老化。

傑克後來因腦癌離世。這起悲劇也有值得寬慰之處，在生命的最後幾個月，傑克終於醒悟過來，發現自己過去的執著有多麼愚蠢。他終於不再沉迷於保養身體（他一度飛到墨西哥，接受一種奇特的癌症療法），而是選擇與親朋好友共度最後的時光。

我不敢說傑克離開的時候很快樂，但我想他是勇敢的。他大半輩子都虛擲在苦苦追求一種不可能的完美，直到將死之際總算明白，人生的重點不是控制，而是放下。

控制狂完美主義

要認出控制狂不難。他們一天到晚在主導、籌畫、干預別人的事，是大家眼中的頭號頭痛人物！克萊兒就是一個控制狂，因為多次與十幾歲的兒子起衝突，所以兩人一起來尋求治療。她十六歲的兒子東尼不堪其擾，對母親有以下怨言：

她不給我空間，我沒有隱私可言。我想關上房門錯了嗎？她以為我在房間裡幹什麼？我從來沒惹過麻煩，我不抽菸，也不吸毒，她為什麼還要這麼疑神疑鬼？她老是盯著我，我做什麼她都看不順眼。她一定要知道我在哪裡，跟誰在一起，我跟那人在做什麼。我要是忘記打電話回家，就會被禁足，就算只比規定時間晚五分鐘回家，也會被禁足，接下來的兩個月我都被禁足了！她堅稱她有權利翻看我的東西，查看我的筆記和信件，甚至還堅持要我告訴她我的手機密碼，我不蠢，我知道父母要監督孩子，但她簡直瘋了！

克萊兒咬著牙，一直忍著沒說話，後來忍不住爆發：

你給我聽清楚，你是孩子我是媽媽，我叫你房門要開著，你就得開著，我不需要跟你解釋原因，你現在住的是誰的房子？你這是什麼態度！不要以為你有多了不起，你家事都不做，還把我的房子搞得亂七八糟。

克萊兒對兒子顯然很嚴厲，但她控制的不只是兒子，她跟東尼的父親離婚，因為東尼的父親在先前的訪談對我說，他再也受不了被她擺布。我跟東尼的就業輔導老師聊過，她私下對我說，克萊兒簡直是恐龍家長，一天到晚發牢騷，老是管閒事，到處惹是生非。東尼的輔導老師有一天下午忘記回電給她，她就向校長告狀，要輔導老師正式道歉，老師只能無奈配合。

一開始克萊兒很頑固不聽勸，不過她還是明白自己的觀念不正確，「我知道我這樣大概有點神經質，但我還是覺得，我對東尼的管教要是放寬一些，就會失去他。」她害怕東尼會沉溺在毒品與酒精裡，她會這麼想，不是東尼的行為造成的，而是因為她內心那個沒安全感的聲音這樣對她說，她也聽進去了。她從來沒想過，東尼可能會被她煩到真的去吸毒酗酒，她的擔憂可能會變成自證預言。她也根本沒想過，她無止盡的要求，只是讓她的婚姻、東尼的學校對她的評價，甚至她與朋友間的友誼，全都破碎。

克萊兒坦言她覺得自己可能會失去東尼，治療的契機於是浮現，原來這是她的致命要害，她不再固執、傲慢，卻衍生出另一種焦慮。她早已習慣經常處在焦慮中，這是因為她的諸多要求常常會引起衝突，但失去東尼對她來說卻不一樣，這是她少數會真正感到無力的時刻，畢竟她一向習慣控制身邊的每個人、每件事，誰讓她控制不了，她就跟誰斷絕來往（她的丈夫、東尼的輔導老師）。現在她無路可退，她控制不了東尼，也不能想像失去他的世界會是什麼樣子，在這樣的焦慮裡，她終於開始反省，也知道自己必須改變。

克萊兒與我單獨進行幾次諮商，東尼並不在場。她發現，她對於東尼的種種恐懼與疑慮，其實是源自她幼兒時期嚴重缺乏安全感的毛病。她的父親酗酒又脾氣暴躁，一天到晚威脅要離婚、要拋棄家人，因此她才不想放過每個能增強控制的機會，她非得有所行動不可，於是開始主導一切，當她還只是個孩子的時候，就變得蠻橫跋扈，咄咄逼人，目光短淺。這招還真管用，原本軟弱無力的她，變得強勢、冷漠，她的座右銘是：「別惹我！」

她發現她現在的控制欲，原來與過往的脆弱有關，這就足以讓她踏出治療的第一步。她知道，想要有真正的安全感，就必須勇於放手，或者至少也要放鬆緊抓不放的手。她發現，建立安全感的起點，是願意相信自己，雖然過程並不容易，但她終於明白，如果她不放手，可能會失去些什麼。

> **”只要願意相信自己，就會更有安全感，也能療癒自己。“**

東尼對於克萊兒的自我對話練習樂觀其成，家裡的氣氛變得很好。克萊兒有一陣子過得跌跌撞撞的，但東尼知道她在努力，對他來說這就夠了。克萊兒做得很好。

分辨想要與必須的差異

如果你覺得反射式思維已經帶你走入完美主義的歧途，那就該進行自我對話的訓練。但你怎麼知道你想參加合唱團、布置客廳、跑馬拉松，究竟是正常還是神經質的想法？想分辨清楚，首先就要懂得區分**想要**與**必須**，兩者的差別在於：

- **想要**通常是源自一種滿足與追求的渴望，背後沒有隱藏的動機，也不是為了掌控什麼。
- **必須**是由不安全感引起，常會以強迫、僵化的方式，窮盡一切手段去增加控制感。

如果你想做的事，是發自內心合理、真摯的渴望，那就是一種想要的感覺。如果受到反射式思維影響，那感覺就像被強迫一樣——必須要這麼做。去做想要的事，會極度熱忱，但無關乎完美主義，因為目的並不是要控制，必須才是為了控制。你必須決定：「我是覺得想要，還是必須？」

一開始你可能會覺得想要與必須似乎沒什麼不同，也不要感到意外。例如，你可能會說：「我想要我的家一塵不染。」但仔細想想，也許就會發現是你的內在小孩反應在說話，這個聲音說，除非家裡一塵不染，否則就沒辦法放鬆心情享受生活，更糟的是，你會以為如果家裡不夠整潔，別人眼中的你就不完美了，後來就變成，你必須把你家裡維持得完美無瑕，才能覺得一切盡在掌控中。

請給自己多點耐心，善用所有的自我對話訓練工具，幫助你分辨想要與必須。

”完美主義的基本原則：你做的事情要是能重振你的活力，那就是健康的。要是讓你精疲力竭、壓力重重、感到焦慮與憂鬱，那就是不健康的。“

我的朋友賴瑞正處於了解想要與必須的關頭。他是汽車迷，自己也很清楚這一點。他有一台BMW，每天都要洗車打蠟，用一把駱駝毛刷清理冷氣風口。每次要用車的時候，他心裡就覺得很煩，因為剛吸塵的地毯絨毛就會毀了。他知道自己愛車成癡，但甘之如飴。這算是必須還是想要？

對他來說，兩種都算。

賴瑞確實喜歡車子，一向很喜歡。他很喜歡細心保養車子，這顯然是想要，是想自滿，沒有隱藏的動機。當賴瑞的想要越了界，變成必須的時候，目的就轉為控制，要讓車子保持完美的狀態，不能被弄髒，地毯也不能有人踩，講究過了頭，也很僵化（完美主義）。車子只要有一點髒，愛就變成恨（二元對立），那就再也不是享受，而是強迫、極端的控制。要是下雨，車子漂亮的黑漆出現一點點水滴痕，賴瑞就會覺得很難受，無法享受保養得這麼好的車子，完全**感受不到**樂趣，除非他再次洗車打蠟。

賴瑞是「完美」的典型案例（真是一語雙關），完全展現了完美主義最常見的副作用之一：壓力。他的壓力真不是普通的大，壓力是完美主義者最常有的問題。「我壓力超大，我需要度假。」或「我從來沒有像現在這樣壓力破錶，我的人生是怎麼了？」你呢？壓力是不是經常如影隨形？

你是否在不該努力的地方太努力？你的**想要**是不是開始變成**必須**？還是說你已經擺脫不了壓力，注定一生都要這麼辛苦？那麼，你還在等什麼？現在就可以改變。

練習建議

在下列表格的「完美主義傾向」欄位中，列出你觀察到的任何明星型、狂熱型或控制狂完美主義者的表現。然後根據量表，圈選出你認為這些傾向在過去三個月中出現的強度（請參考下頁範例）。

如果你有列出任何完美主義可能會有的表現，請將這份自我評估納入你的訓練日誌中，並每個月重新檢測一次，以追蹤你的自我對話訓練進展。評分方式很簡單，只要將你圈選的所有分數加總起來即可。隨著自我對話的訓練日漸深入，你的完美主義傾向的總分應該會逐漸下降，這正是你在改變的好訊號。

完美主義傾向	**強度**				
範例：	**弱**		**中**		**強**
我知道我對外表太執著了，但我真的做不到不在意！	1	2	3	4	5
一、	1	2	3	4	5
二、	1	2	3	4	5
三、	1	2	3	4	5

第五部

自我對話的人生

17
告別憂鬱與焦慮

我在前言說過，我高中時期是美式足球隊校隊成員，我好不容易才下定決心加入球隊。我的體重只有四十六公斤，一想到要加入校隊都快怕死了。你可能還記得，我之所以會加入，唯一的原因是想讓別人以為我很剽悍。我雖然害怕上場，但還是發生了很神奇的事，這件「事情」很有必要說給你聽，跟美式足球完全無關，與自我解放倒是很有關。

集訓第一天，我領到的裝備有：肩膀、臀部、大腿、膝蓋的護具，還有頭盔、護齒器。我從來沒見過這麼多裝備，在我成長的地方，最高貴的運動器材，是用絕緣膠帶貼起來的棒球。我覺得能有這些裝備實在太酷了！我坐在更衣室裡，完全被迷住了，著手調整身上那一大堆塑膠、橡膠和泡棉做成的護甲，開始有一種奇妙的感覺，是一種我從未有過的感覺，只能用深深的寧靜、平靜形容。更衣室平常都是亂烘烘的，而我竟然如此平靜，實在很奇怪。

我著裝完畢，站在更衣室的鏡子前，看見的不是一個瘦巴巴的年輕人，而是一個改頭換面的人。我像個巨人，雙肩像房子一樣寬，套著泡棉護具的雙腿鼓鼓的，因為鞋底有防滑釘，所以我的身高足足高了將近四公分，這絕對是好事。我踏入球場，發現自己受到很完善的保護，不會受到傷害。我瘦巴巴的身體再也不脆弱了，我有護具護體，感覺自信又安全。但最驚人的是，我這輩子第一次沒有任何恐懼與疑慮！半點沒有！完全沒有！這是很神奇的醒悟。誰也傷害不了我，我真心相信這一點，也因此得到自由。我此生第一次感覺擺脫了不安全感。

我後來愛上了美式足球。四年來，我在場上忘情馳騁，從未想過自己會受傷（雖然我的隊友受傷了）。我要說的重點就是這個，我並不是有了護具才不再脆弱，而是我願意相信這些保護我身體各處的護具，才能拋開心中的恐懼。簡言之，我信任這些護具。

在你跑出去購買護肩之前，要是你能明白你可以信任自己、信任世界，那麼你就能擺脫不安全感、焦慮與憂鬱。自我對話能讓你重拾信任，說不定也是你第一次學會信任。你一旦願意去相信自己，相信自己擁有足夠的能力面對生活，不再試圖控制一切，你就會感受到近乎超然的平靜，一如許多年前我第一次在更衣室裡感受到的那樣。

反射式的情緒地雷

現在你知道，反射式思維會以很多方式曲解你的感覺、想法和情緒，必須要當心的是，不要被狡猾的不安全感突襲，擾亂你身心的平衡。無論是九一一事件引發的恐慌，還是覺得世界末日將要到來，無論眼前的挑戰多麼艱難，你的自我對話訓練方法都是一樣的：不再讓不安全感持續擴大，而是透過每一個自我對話步驟，建立起信任自己的能力。

有時候，尤其是遇到特別強烈的反射反應的時候，往往需要耗費九牛二虎之力，才能引導自己脫離這種具破壞性的反應。這類強烈的反射反應，我稱之為反射式的情緒地雷。無論當下對抗這個情緒有多困難，你都要知道，你現在已經有了可以克服反射反應的工具。讓我來分享一下我的反射式情緒地雷。

當我還只是個五、六歲的孩子的時候，我在雜貨店前的水溝裡看見半顆檸檬。我把這個寶貝撈起來，跑了整個街區，送到媽媽手上，但我馬上就發現不太對勁。她看著檸檬，以為是我偷來的，覺得應該好好教訓我。我再怎麼激烈反駁也無用，我媽把我拖到雜貨店，逼我向店主道歉。我心都碎了！原本只是一份表達心意的小禮物，卻留下了創傷，後來我只要覺得受到不公平對待，就會引爆反射式的情緒地雷。

時間快轉到五十年後。幾週前，我正要把車子停進停車位，這是再正常不過的動作。這時右側停車位的車子開始倒車，顯然是沒看見我，我按了喇叭（單純只是提醒而已），繼續要停進停車位。沒想到這位老先生跳出車子，開始大叫：「你是畜生，你是畜生……你簡直禽獸不如，你就是一個（不雅字眼要消音）畜生！」這位先生吼得太粗暴，現場已經有一小群人好奇圍觀。我對他說些安撫的話，我說我沒別的意思，就只想把車子安安全全停進空的停車位而已。我以冷靜理性的態度想拆彈，沒想到卻是火上澆油。我擔心這位先生氣到心臟病發作，所以別無選擇，只能走開。

我明明沒做錯什麼，卻被大吼、被冤枉……以前遇到類似幼時的檸檬事件，就會觸發我的反射式情緒地雷，我會立刻開始防禦：這個莽夫竟敢這樣吼我！我才不會忍讓。是的，我承認，當時我確實感受到一陣翻湧的情緒，想推我做出防禦、攻擊性的反應。誰遇到這麼可惡的攻擊，不會想反擊呢？我的內在小孩反應很明顯，就是要好好教訓這傢伙，掌控局面！幸好我很熟悉自我對話，雖說那天怒火中燒，但我很清楚，反射性的行動和思考就像是滑波一樣煞不了車，我可不想讓情緒一發不可收拾。

只要內在小孩反應——尤其是帶有情緒地雷的內在小孩反應——捲入混戰，自己就必定會付出代價。我沒有向反射性反應屈服，而是把想跟這傢伙正面對決的自己拉走，應該說拽走才對。要是再早幾年遇到類似狀況，我會下意識地想控制局面，情緒絕對會崩潰，最後免不了會有焦慮、憂鬱、自我厭惡的念頭纏身。「真夠尷尬的，為什麼要跟他一般見識，我簡直跟個神經病一樣。」幸好我再也不會受到反射性的不安全感影響，我的內在小孩反應再也不會擾亂我的世界。

我在停車場的事件，也凸顯另一個重點。有些情緒地雷因為留下了創傷，而且是陳年的印記，所以始終沒有被消滅，有時候遇到會引爆地雷的情況（類似起初的創傷），情緒地雷就會爆炸，帶來困擾。雖說困擾，但你只要真正了解並在生活中運用自我對話，就會明白，你一旦意識到自己有所選擇，就連像地雷一樣強烈的反射反應，也不會對你構成威脅。

「什麼?」你可能會想:「難道自我對話不能消除不愉快的過去,還有我所有的反射反應?」不能,不能完全消除。但幸好也不需要完全消除,因為自我對話可以讓所有的反射反應變得無害。情緒地雷(應該說任何一種反射反應)雖然很討厭,但是自我對話的訓練目標,並不是要完全清除你的過去,而是要消除憂慮與焦慮。加油打氣、自我對話,還有你固定的日常練習,都是不可或缺的一環,就算不能夠消除,至少也能淡化不安全感習慣的影響——無論那份不安有多麼劇烈。

”自我對話不需要根除你所有的反射式思維,只要它們不再能影響你就夠了。“

習慣本來就是要被打破的

我的患者常希望我能知道他們有多糟、多瘋、多「神經病」,我從不接受這麼悲慘的看法。我在一開始就堅稱:「你唯一的問題就是壞習慣,一個缺乏安全感的壞習慣。」無論是咬指甲還是抽菸,要改掉任何習慣都不容易,但習慣其實是可以改的。你的反射式思維已經擁有習慣的力量,已經成為你的尼古丁、酒精和弱點。

自我對話能幫你移除有害的內在小孩反應習慣,回到一種更自然、順應本能的生活方式。不要因為不安全感的習慣頑強抵抗,就輕易停下腳步,習慣本來就會抗拒改變,要有大戰一場的心理準備。馬克・吐溫談起他抽菸的習慣，曾說抽菸是天底下最容易戒掉的習慣，「我已經戒了無數次！」要持續努力，才能戒掉陳年積習。請持續挑戰你的內在小孩反應，不只是今天，而是每天都要這麼做，直到你完全從焦慮與憂鬱中獲得解放。就像先前提到的方法，加油打氣、自我對話、進行到底（持續跟進理解自己），以及每天系統性的練習努力，都是幫助你戒除不安全感習慣必備的重要元素。

我先前提過，你可以發展出屬於自己的正向肯定語言。多年來我指導患者擺脫焦慮與憂鬱，有一個我最常使用的正向肯定句（來自自我對話的原則五），希望也能加進你的正向肯定清單中。我每次遇到患者把自己的問題形容得太誇張，都一定會告訴對方：「**那只是習慣！**」

時常對自己說：「這只是習慣。」希望這句話能一再提醒你，你並不是要對抗什麼超自然、邪惡，或是神祕的力量，就只是習慣而已，不是什麼別的。你大概是太把你的症狀當一回事了。我的患者伊拉曾對我說：「醫生你不懂，我這可是憂鬱症！」他完全被自己的憂鬱症嚇倒。他並不知道憂鬱只是習慣，他需要的是把憂鬱「拉下神壇」，認清憂鬱的真實樣貌，再以自我對話改掉憂鬱與不安全感的習慣。

也許你有點像伊拉，把自身問題看得太嚴重。但只要你還能正常過日子、還有安全感，就代表你有能力與你的問題正面對決，你還有自我對話的訓練計畫，是你可以下定決心去信任的（還記得嗎，我的足球護具有多增強我的自信）。

信任就是願意相信。不相信我說的也沒關係，你可以自行決定。看看本書各章內容，想一想：「自我對話真能讓我了解我痛苦的原因？若我知道是因為反射式思維引發我的控制欲，就能解釋我焦慮與憂鬱的原因？」既然能找到焦慮與憂鬱的原因，能了解內在小孩反應的效應，以及內在小孩反應各種可怕的控制手段，那何不完成最後一步，放膽一試？何不接受一個重要的事實，從此走向真正的解脫？何不承認你的問題，其實只是一個習慣，一個缺乏安全感的習慣。你也可以順便接受另一項事實：**習慣是可以改掉的**。

鍛鍊心智肌肉

我還記得我四十五歲那年，跑過一場馬拉松。大半個路途上，我一直在想：「我年紀太大，不適合玩這個了。」我覺得就是這些念頭，削弱了我的力氣，影響了我的表現。那天晚上，我坐在家裡看那場馬拉松的地方新聞報導，記者訪問三位老人家，三位都完成全程，他們個個都超過九十歲。我下次再跑馬拉松的時候，感覺自己沒那麼老了。

這跟你有什麼關係？要當心負面想法。負面想法即使看起來合理，也一定能推翻。你的內在小孩反應喜歡讓你心態失衡，始終缺乏安全感，負面想法就是內小孩常用的招數。四十五歲的我並不會太老，年紀是我兩倍的人都還在參賽，我會覺得自己太老，只是誤信了內在小孩說的話。十幾年過去了，我還在規畫我的下一場馬拉松。有時候時間越久，越顯得道理正確。

關於打敗焦慮與憂鬱，我能說的差不多都說了。往後的路上，請記得懷抱務實的目標與期待，也要給自己足夠的耐心，因為缺乏耐心，就像負面想法一樣，都是會侵蝕你意志的毒藥。就像戒菸的人會對自己說：「都只是尼古丁在作怪，不是我真的想抽菸。」同樣地，面對負能量、不耐煩、懶惰、疑慮或不信任時，也要提醒自己：「那只是我的內在小孩又跳出來說話，不是真正的我。」

你要長期堅持自我對話的訓練，才能培養正面健康的情緒肌肉。你的內在小孩肌肉發達，而你卻被弱化，你必須依據訓練計畫，每天鍛鍊你的心智肌肉，才能扭轉劣勢。這沒有捷徑，你必須重新塑造你的想法，才能戒除習慣，尤其是對你自己的想法。當你練就了自我信任的肌肉，一切都會水到渠成。要堅持自我對話的七大療癒原則：

- **原則一：每個人都承受著不安全感**
- **原則二：先產生念頭，才引發情緒、焦慮和憂鬱**
- **原則三：想控制人生，反而會被焦慮和憂鬱誤導**
- **原則四：控制是錯覺，不是答案**
- **原則五：不安全感是一種習慣，任何習慣都可以戒除**
- **原則六：健康的思維是一種選擇**
- **原則七：好的教練擅長鼓勵**

你現在吸收了自我對話的精髓與力量，就會明白我為何等到現在，才要加上最後三項原則，全部十項原則能助你擺脫焦慮、憂鬱與恐慌。最後的三項原則是：

- **原則八：你必須拋開有人會來救你的迷思**
- **原則九：你必須承擔改變的責任**
- **原則十：你必須相信你真的有所選擇**

放下的重要性

自我對話的訓練有許多環節是相互交織的，但要我說，成功與否最重要的一項關鍵，就是自我對話的第三步：放下，再加上持續進行到底的一項要素：**回應生活**。我想格外強調這重要的一點，分享一段我最近與太太決定去上幾堂舞蹈課的經驗。

探戈、莎莎舞（salsa）、梅倫格舞（merengue）光聽名字就充滿樂趣，對吧？但出乎我意料的是，學跳舞並不像想像中那麼愉快，相反地，那是一段令人沮喪、耗費心力的體驗，不管我怎麼努力，就是記不住那些舞步和變化。這樣的掙扎持續一陣子，直到有天晚上，不知怎地，一切突然改變了。令我驚訝的是，我的雙腳彷彿自己知道該往哪裡移動——毫不費力，無須掙扎。但最讓我震撼的，是我第一次**真正聽見**音樂的那一刻！原來我一直太過專注於做對動作，完全沒意識到，我從來沒有好好聽過（或說享受）背景裡那美妙的旋律。我終於來到了那個可以**放下努力**，讓音樂帶領自己的境界。

當你試著用自我對話的前兩個步驟，來中斷你已經習慣的那些反射式思維時，可能也會感受到類似的挫折感。就像我學跳舞一樣，這些步驟同樣需要專注、練習與時間。你正在學習一種全新的心理舞步，裡面有新的節奏、新的感知方式。記住，關鍵字是「**耐心**」，不管是跳舞還是自我對話的訓練歷程，最終的目標都不是去做到每個步驟，目標是要到那個可以放下努力、擁抱當下、真正聽見音樂的地方。

放下的最好辦法，是**活在當下**。我最喜歡的禪宗故事之一是，一位僧人在山路行走，遇見一隻會吃人的老虎，僧人看見下方懸崖上長著藤蔓，便跳下去，緊緊抓住藤蔓。藤蔓開始鬆動，在他墜崖前那靜止的一刻，看見藤蔓旁邊長了一顆草莓，他說的最後一句話是：「這顆草莓好漂亮，我要嚐一嚐。」

這個故事展現了全然活在當下的生命態度。那位僧人的心中沒有過去，沒有未來，沒有老虎，沒有懸崖，只有真心讚賞漂亮草莓那純粹的當下。你越來越擅長脫離內在小孩反應，想法就會變少，感受則變多。你會放下所有的疑慮、恐懼、負能量，去擁抱那些充滿你生命的美好草莓時刻。

學會放下，是一段需要時間與耐心的歷程，畢竟，你的自我對話訓練重點，是運用理性的認知力量，努力脫離內在小孩帶來的扭曲與誤導。然後你會發現，內在小孩的影響力越來越弱，而你放下的能力則越來越強，你對自我的信任將逐漸增強。當你不再終日恐懼，就能勇於放下所有痛苦，能夠全心全意去欣賞日落，聽歌劇，與子女玩耍，或是泡個熱水澡。

該如何放下？只有一種辦法。首先，藉由自我對話，你可以降低內在小孩對你人生的箝制。然後你開始練習偶爾活在當下，不管你正在做什麼，掃落葉也好、吃晚餐也罷，都全心投入，只要練習完全沉浸其中，感受當下的感覺、印象、聲音、味道和景象，而不是你腦海裡的念頭，這就是放下。久而久之，你將越來越能走出頭腦的牢籠，真正去感受生活，焦慮與憂鬱只會存在你的大腦裡。所以記得偶爾要休息片刻，吃顆草莓。

教練，準備好了嗎？

我想說的，需要說的，只有這麼多了，你早已具備一切，足以讓你擁有遠離焦慮、憂鬱的一生。要說我有什麼願望，那就是希望你能明白，這一切有多簡單。其實從來沒有這麼複雜，只是感覺複雜而已，你苦苦掙扎的日子已經快要走到盡頭了，因為你已準備好，迎接真正屬於你的人生。記住，自我對話不只是用來緩解劇痛的應急之道，更是一種生活方式。自我對話是一種讓你在人生中保持平衡、清晰與自在的方法，就像我每天起床慢跑一樣。一路上總會遇到挑戰，焦慮與憂鬱在所難免，這就是人生。但是有了自我對話的練習，你心裡永遠都能回到最安定的狀態。

訓練日誌格式

設計你的訓練日誌

在設計你的訓練日誌時，沒有絕對的對錯之分，你可以選擇詳細描寫，也可以簡潔扼要，重點是要貼近你的需求。有一點我可以保證：你投入的每一分努力都不會白費。根據過去的經驗來看，從訓練日誌中獲得的回饋、覺察與正向強化，是其他方式無法取代的，這是面對焦慮與憂鬱時，最穩定、長久、客觀且有系統的方式。

其實，任何一本你覺得順手的筆記本，都能用來當作訓練日誌本，不過我會建議你使用活頁夾，好處在於，你可以將附錄中提供的練習影印下來，再根據自己的需求隨時加入或抽換，方便整理與回顧。

你可以完全照我提供的格式來練習，也可以在適合的時候，簡單記下各項測驗的分數，並附上簡短的個人註解。無論你選擇哪種方式，都能幫助你清楚看見訓練計畫在這段時間內帶來的改變與進展。

請記住，這本訓練日誌是屬於你自己的，應該展現你獨有的個人色彩。你可以依照自己的需求靈活調整、自由運用，讓它成為陪伴你前進的好夥伴。

我會建議你的訓練日誌可以包含以下四個部分：

一、自我對話練習篇
二、持續跟進篇
三、特定事件、領悟或日常觀察篇
四、本書中相關練習的紀錄篇

第一篇：自我對話練習

自我對話第一步：區分事實與假想，學會傾聽

第一步並不複雜，只是需要練習，培養聆聽內在對話的能力。先從一個簡單的提問開始：

我現在腦中這些念頭，是根據事實，還是我自己的假想？

自我對話第二步：停止反射式思維

當你察覺到是你的內在小孩在主導你的想法時，請運用第九章建議的練習，來幫助自己別再去聽內在小孩的聲音。

自我對話第三步：放下

有時候，什麼也不做，反而是最好的行動。面對反射式思維，轉移注意力、讓自己分心，或乾脆忽視那些不安念頭，正是擺脫焦慮與憂鬱的關鍵。

描述你陷入反射式思維的經驗，並說明當時如何透過自我對話逐步引導自己走出來：

第二篇：持續跟進

這些企圖控制一切的行為，反而侵害了我的人生：

回頭看看過往經歷，我可以找出與現在的掙扎有所連結的片段，幫助我更深刻理解此刻的感受與處境：

有哪些特定模式或觸發點，總是容易引起我的焦慮或憂鬱：

我最近開始留意到我有一些積極行動或消極逃避的念頭：

當我學著換個角度看待困境時，得到了一些人生的啟發：

第三篇：日常觀察

領悟、感受、事件和觀察：

第四篇：練習紀錄

將全書每一章結尾的「練習建議」整理出來。我將這些練習分成三大類：

一、**每日練習**：務必將這些練習納入你的每日紀錄中。

二、**每月練習**：幫助你每隔一段時間追蹤練習的進展，應定期納入紀錄中。

三、**需要時練習**：依個人需要自行安排應用。

以下是所有本書練習與評估的清單，這些內容皆列於各章結尾，依章節標示可查閱。

每日練習

- 感到失控的經歷（第六章）
- 思考的陷阱（第六章）
- 進行到底的五個練習紀錄（第十章）

每月練習

- 使用憂鬱程度量表評估憂鬱程度（第四章）

- 評估有害焦慮與自然焦慮症狀（第五章）
- 評估龜縮傾向（第十四章）
- 評估變色龍傾向（第十五章）
- 評估完美主義傾向（第十六章）

需要時練習

- 內在經驗與外在經驗：學會放下思緒（第一章）
- 判斷問題的根源是焦慮、憂鬱，還是兩者皆是（第三章）
- 區分是健康的掌控需求，還是不安全感引發的控制欲（第七章）
- 區分導引式的自我對話、不安全感引發的念頭、中性無意圖的想法（第八章）
- 評估你的自我對話反應（第九章）
- 更換頻道（第九章）
- 尋找被勾住的經驗（第十章）
- 運作主動與被動的思考（第十章）
- 對自己加油打氣（第十一章）
- 區別你擔憂的方式和原因（第十二章）

致謝

自從《自我對話訓練：如何療癒焦慮症和憂鬱症》（*Self-Coaching: How to Heal Anxiety and Depression*，暫譯）首次出版以來，我有幸與來自世界各地的許多人相識並且交流互動。透過我的 Self-Coaching.net 社群，我對於那份被焦慮與憂鬱所籠罩的痛苦與困惑，有了更深一層的體會。謝謝每一位加入自我訓練社群的善良朋友們，感謝你們願意帶著勇氣前行，並持續選擇走向更自由、更有力量的人生。正是因為有你們的鼓勵與支持，我才得以堅定地邁出下一步。

在與我的經紀人 Jean Naggar 合作的這些年裡，我深深體會到，若不是她對我和我的寫作抱持著信心，這個夢想可能無法實現。從 *Self-Coaching* 這本書的構想，到後來成功出版，Jean 一直是背後推動的關鍵力量。這五年來，她那無與倫比的直覺、堅定不移的支持與遠見，成為我自信的來源。我也要特別感謝她那出色的團隊：Jennifer Weltz、Alice Tasman、Mollie Glick 和 Jessica Regel，感謝他們付出的一切。

John Wiley 出版社的編輯 Tom Miller，是這個計畫中不可或缺的重要推手，正是 Tom 最初提出了修訂本的建議。在這本書的製作過程中（這也是我與 Wiley 合作的第三本書），他不僅是編輯，更是朋友，是我可以依靠的肩膀。從一開始，Tom 就展現了他獨特的能力，將原稿進行整合、組織與再造，效果至今仍讓我驚豔不已。

我與 Jane Rafal 的關係可以追溯到我人生中較為黯淡的時期，那時我常懷疑自己是否真的有機會出版作品，若不是因為 Jane，我想我可能早已放棄。她是我寫作路上的導師，每當我需要幫助時，她總會及時出現，引導我走上正確的方向，並提供睿智而實用的建議，毫不猶豫地支持我。我知道，我能夠成長蛻變寫出一部作品，可以直接歸功於 Jane 的專業指導。她一直是我的寫作中心，更感謝她在這十年來給予我最珍貴的友誼。

特別感謝我的瑜伽指導老師與心靈導師 Perinkulam Ramanathan。Rama 教會了我許多事，最重要的是，他讓我領悟到生命中那份純粹而美好的簡單。瑜伽與冥想的修習對我的生活與工作產生了深遠的影響。Om shanthi（願你平安寧靜）。

最後，我要感謝我的家人。我的女兒 Lauren 和她的母親一樣，將來一定會成為一位才華洋溢的小學老師，她那極具吸引力的個性和與生俱來的魅力，將為她贏得眾多學生的崇拜。我的兒子 Justin 全心投入健康與養生網站的發展，他不只能克服困難，還能突破現狀、勇於實踐。

最終要感謝我的妻子 Karen。從我青少年時期對人生仍徬徨無依的時候，Karen 就是我的後盾，當時她鼓勵我、相信我，而現在，她依然是我靈感與力量的泉源。她那無私不渝的愛與忠誠，成就了我們共同的榮耀——她是我一生最美好的恩賜。

清理負面情緒的自我對話

作者	約瑟夫・盧恰尼 Joseph J. Luciani, Ph.D.
譯者	龐元媛
商周集團執行長	郭奕伶
商業周刊出版事業處	
總編輯	林雲
責任編輯	黃郡怡
封面設計	李東記
內文排版	洪玉玲
出版發行	城邦文化事業股份有限公司 商業周刊
地址	115 台北市南港區昆陽街 16 號 6 樓 電話：(02)2505-6789　傳真：(02)2503-6399
讀者服務專線	(02)2510-8888
商周集團網站服務信箱	mailbox@bwnet.com.tw
劃撥帳號	50003033
戶名	英屬蓋曼群島商家庭傳媒股份有限公司城邦分公司
網站	www.businessweekly.com.tw
香港發行所	城邦（香港）出版集團有限公司 香港灣仔駱克道 193 號東超商業中心 1 樓 電話：(852) 2508-6231　傳真：(852) 2578-9337 E-mail：hkcite@biznetvigator.com
製版印刷	中原造像股份有限公司
總經銷	聯合發行股份有限公司 電話：(02) 2917-8022
初版 1 刷	2025 年 9 月
定價	380 元
ISBN	978-626-7678-53-4（平裝）
EISBN	978-626-7678-58-9（PDF）／978-626-7678-57-2（EPUB）

國家圖書館出版品預行編目 (CIP) 資料

清理負面情緒的自我對話 / 約瑟夫 . 盧恰尼 (Joseph J. Luciani) 著 ; 龐元媛譯 . -- 初版 . -- 臺北市 : 城邦文化事業股份有限公司商業周刊 , 2025.09
288 面 ; 14.8×21 公分
譯　自 : Self-coaching : the powerful program to beat anxiety and depression, 2nd ed.
ISBN 978-626-7678-53-4(平裝)

1.CST: 心理治療 2.CST: 情緒管理

178.8　　114009908